REINHARD DEICHGRÄBER

Wachsende Ringe

Die Bibel lehrt beten

Zweite Auflage

VANDENHOECK & RUPRECHT
IN GÖTTINGEN

CIP-Kurztitelaufnahme der Deutschen Bibliothek

Deichgräber, Reinhard:
Wachsende Ringe: d. Bibel lehrt beten /
Reinhard Deichgräber. – 2. Aufl. –
Göttingen: Vandenhoeck und Ruprecht, 1985.
ISBN 3-525-62301-1

Zweite Auflage 1985

Umschlag Michael Rechl. Eschwege
© Vandenhoeck & Ruprecht, Göttingen 1983. – Printed in Germany. – Alle Rechte des Nachdrucks, der Vervielfältigung und der Übersetzung vorbehalten. Ohne ausdrückliche Genehmigung des Verlages ist es auch nicht gestattet, das Werk oder Teile daraus auf photomechanischem (Photokopie, Mikrokopie) oder akustomechanischem Wege zu vervielfältigen. – Gesetzt aus Bembo Linotron 202 System 3 (Linotype).
Satz und Druck: Gulde-Druck GmbH, Tübingen.
Bindearbeit: Hubert & Co., Göttingen.

Inhalt

Zur Einführung

Die Bibel lehrt uns beten. Sie tut es unauffällig und unaufdringlich. Indem sie uns beten lehrt, lehrt sie uns leben. Denn Beten ist nicht eine Übung irgendwo am Rande des Lebens, sondern letzter und tiefster Ausdruck menschlicher Lebenswirklichkeit. Nie ist der Mensch so menschlich als dann, wenn er die Hände zum Gebet ruhen läßt. Jeder Mangel in unserem Beten ist ein Mangel an Menschlichkeit.

Daß die Bibel uns beten lehren kann, ist heute auch unter Christen nicht ohne weiteres zugestanden. Manche wenden sich lieber anderen Lehrern zu, die aus fremden Quellen schöpfen. Die folgenden Kapitel sind nicht als Polemik gegen solche Lehrer gedacht. Sie richten sich gegen niemanden. Sie laden nur zu dem schlichten Wagnis ein, in einer Welt, die von den werbenden Worten vieler Heilslehrer und Heilslehren erfüllt ist, auf das zu hören, was die christliche Bibel über das Beten sagt.

Nur einige biblische Texte werden im folgenden zu Worte kommen. Weder enzyklopädische Vollständigkeit noch systematische Geschlossenheit sind beabsichtigt. So fehlt beispielsweise eine ausführliche Behandlung der alttestamentlichen Psalmen oder des Vaterunsers oder der sogenannten Cantica, der drei Lobpsalmen aus den beiden ersten Kapiteln des Lukasevangeliums. Dem Leser bleibt also viel biblischer Stoff zum Thema „Gebet", den er sich auf eigene Faust erarbeiten und aneignen kann.

Dieses Büchlein will langsam gelesen sein. Lesestoff ist geistige Nahrung. Wer zu hastig davon ißt, kann sich den Magen daran verderben. Manche Einsicht, um die es auf den folgenden Seiten geht, mag ein kluger Kopf in einem Augenblick kapieren. Aber es können Jahre vergehen, bis das, was gemeint ist, als lebendige Erfahrung ausgereift ist. Wachstümliche Entwicklungen brauchen Zeit. Gott gibt uns davon soviel, als wir eben brauchen. Lassen wir uns also Zeit!

Es sollte auch möglich sein, einzelne Abschnitte als Textgrundlage für biblische Einkehrtage und Exerzitien zu verwenden. Stehen für eine solche Zeit der Stille vier Tage zur Verfügung, so mag man es für diese Tage mit den Kapiteln 1, 5, 7 und 9 versuchen. Für eine sechstägige Einkehr kämen als Auswahl die Kapitel 1, 2, 5, 7, 9 und 12 in Betracht.

1. Herr, lehre uns beten!

Und es begab sich, daß er war an einem Ort und betete. Und da er aufgehört hatte, sprach seiner Jünger einer zu ihm: „Herr, lehre uns beten, wie auch Johannes seine Jünger lehrte." Lukas 11,1

Beten will gelernt sein. Beten ist eine Kunst. Daß wir beten sollen, daß wir beten können, daß sich unser Menschsein im Beten vollendet, das ist jedem Menschen bei seiner Geburt mitgegeben. Dieses Ziel bestimmt uns bis in unsere leibhaftige Erscheinung hinein. Es ist also wahrhaftig nichts Fremdes, was uns da zugemutet wird. Aber daß wir diese unsere Bestimmung nicht verfehlen, das begibt sich nicht von alleine. Wirkliche Könnerschaft wird auch hier nicht ohne Mühe und ohne Übung erlangt, die Übung aber bedarf der Anleitung durch Menschen, die mir an Erfahrung überlegen sind.

Aber da regt sich vielleicht schon ein Einwand: Kann ich mir das Beten nicht doch selbst beibringen? Wenn es keine mir wesensfremde Kunst ist, die ich da lernen soll, dann müßte ich doch auch selbständig Erfahrungen sammeln können. Den, der das Beten selbständig lernen will, den Autodidakten, zieren im allgemeinen Eifer und Abenteuersinn, und das ist schön. Wer möchte schon gerne in ein fremdes Land so eingeführt werden, daß ihm jeder Schritt vorgeschrieben wird? Es wehrt sich etwas in uns, wenn uns die Lehre um den Reiz des Selber-Entdeckens betrügen möchte. Brich selbst auf und mach deine eignen Erfahrungen! Nur was du selbst entdeckt hast, hat in deinem Leben ernstlichen Wert!

Diese Aufforderung ist durchaus ernst gemeint und keineswegs ironisch. Sie verbindet sich allerdings mit einer dringlichen Bitte. Sei ehrlich, wenn du an die folgende Grenze stößt, an die fast jeder Autodidakt kommen wird: Mein Eifer kann mich weit hinein treiben in das neue Land, mit dem ich vertraut werden möchte. Aber fast nie wird es so sein, daß ich auch für meine eigenen Fehler hinreichend sensibel bin. Ich kann nicht mit ungeteilter Leidenschaft der zu übenden Sache hingegeben sein und gleichzeitig konzentriert auf meine eigenen Fehler achten. Eines stört das andere. Der Versuch, die eigenen Fehler selbst wahrzunehmen, um sie dann abzustellen, bricht die Leidenschaft ungeteilter Hingabe.

Das ist zunächst einmal eine allgemeine Regel. Wir brauchen den Kritiker. Er erst macht es uns möglich, daß wir uns bedenkenlos, ja, ich möchte schon sagen besinnungslos der Sache verschreiben. Was für eine Befreiung, wenn mir die Last genommen wird, daß ich selbst immer auch für die Entdeckung meiner Fehler Sorge tragen muß! Selbstanklage und Selbstbeschuldigung sind furchtbare Plagen. Die Angst, es falsch zu machen, die besorgte Beobachtung meines Tuns mit der kritischen Frage, ob ich es auch richtig mache, verdirbt alles. Die Angst, einen Fehler zu machen, ist selbst eine außerordentlich ergiebige Fehlerquelle. Alle Kunst lebt von der Selbstvergessenheit dessen, der sie ausübt. Wie soll es aber zur Selbstvergessenheit kommen, wenn ich immer gleichzeitig mein eigenes Tun kontrollieren soll? Daß da ein anderer ist, der mich sieht und hört, macht frei, unvorstellbar frei.

Wo es um das Beten geht, ist die Kritik allerdings eine ganz besonders notvolle Sache. Kritik tut wohl immer etwas weh, aber nirgends ist sie so schmerzlich wie da, wo jemand mein Beten kritisiert. So manche andere Übung mag uns mißlingen, aber wenn uns jemand darauf aufmerksam macht, daß wir etwas falsch gemacht haben, dann verfügen wir über eine Fülle von Möglichkeiten, wie wir innerlich mit der Kritik fertig werden. Dann gilt das bekannte „Nobody is perfect" – kein Mensch ist vollkommen –, dann trösten wir uns damit, daß wir andere Dinge besser können, dann fassen wir gute Vorsätze, wie wir es das nächste Mal besser machen werden. Aber da, wo unser Beten kritisiert wird, sind wir im allgemeinen hochempfindlich. Da spüren wir, daß unser Beten in sehr unmittelbarer Weise zum Ausdruck bringt, wer wir in Wahrheit sind, und da ist jedes kritische Wort ein Angriff auf unser Innerstes, und es tut entsprechend weh. Doch gilt dann auf der anderen Seite auch die Erfahrung, daß jede gesunde Empfänglichkeit für ein kritisches Wort Freiheit schafft. Und es ist Freiheit, wenn ein Mensch es verlernt, sich um seine eigenen Fehler zu kümmern. Auch beim Beten ist das so. Der Autodidakt aber muß zusehen, daß er auf seinem Weg nicht gerade diese so wesentliche Erfahrung versäumt.

Die Einsicht, daß es der Belehrung bedarf, zeitigt bei den Jüngern Jesu sofort das Verlangen nach dem Lehrer. Sie haben gesehen, wie Johannes der Täufer seine Schüler beten lehrte, und sie spüren: das ist uns unser Meister bisher schuldig geblieben. Ihr Empfinden ist richtig, denn beten lernt man nicht aus Büchern, und, in diesem Sinne, nicht einmal aus der Bibel. Ein Buch hat einen guten Sinn, wenn es persönlich Vermitteltes ergänzt und begleitet. Aber das ist auch alles. Darum sei hier zunächst dies festgehalten: Wem ernstlich daran gelegen ist, beten zu lernen, der suche zuerst nach einem Menschen, der ihn persönlich anleitet, und er scheue dabei keine Mühe, keine Zeit und keine Kosten. Dabei sind solche Lehrer wirklich selten. Zwar fehlt es an unseren Universitäten und Seminaren nicht an tüchtigen theologischen Lehrern. Aber wieviele Studenten führen Klage darüber, daß sie vergeblich nach einem Theologen gesucht hätten, den man auch einmal nach seinem Beten fragen durfte!

Was aber ist von einem solchen Lehrer zu erwarten? Was soll er uns geben? Eine theologisch-grundsätzliche Einordnung des Gebets? Oder eine Anweisung zur rechten Körperhaltung beim Beten? Oder eine Belehrung über den rechten Gebetsgeist? Jesus legt bei seiner Antwort den Akzent auf keines dieser an sich nützlichen Dinge. Er schenkt den Jüngern ein Gebet, das Vaterunser (Lukas 11,2–4). Dies Gebet sollte ihr Gebet werden, und es ist es geworden. Aber ist Jesu Antwort nicht doch etwas enttäuschend? Erfüllt der Herr unsere Erwartungen, wenn er uns auf unseren Wunsch, er möge uns beten lehren, einen schlichten kurzen Text aufgibt, eine Formel, die wir wieder und wieder beten sollen? Vielleicht haben wir doch etwas mehr erwartet, etwas Größeres als so ein kleines Formelgebet. Es geht uns womöglich ähnlich wie Naeman, dem syrischen Feldhauptmann, der zu Elisa, dem Propheten kam, voll Bereitschaft, Großes und Schwieriges auf sich zu nehmen, was auch immer der Gottesmann anordnen würde. Und dann hieß es: Siebenmal im Jordan – einem höchst durchschnittlichen Fluß – untertauchen! So mag uns auch das Vaterunser mit seinen sieben Bitten erscheinen. Aber das unscheinbare Gebet, das Jesus seine Jünger lehrt, hat eine Eigenschaft, die unvorstellbar kostbar ist: Es ist ein Gebet, das sich nicht abnutzt; deren gibt es nicht viele. Für einen sprachbegabten Menschen ist es nicht schwer, auch ein Gebet so pointiert zu formulieren, daß die Leute staunen und sich dem Reiz der Pointen hingeben. Es fehlt auch nicht an Möglichkeiten, allerhand gute Formeln zu einem Gebet zusammenzufügen. Aber das allermeiste unterliegt der Abnutzung. Ein Text, der sich nicht abnutzt, ist schwer zu finden. Er kommt nur da zustande, wo jemand in aller Einfalt und Aufrichtigkeit ganz dem Wesentlichen hingegeben ist, wo er weiß, was Menschen wirklich brauchen, so wahr sie Menschen sind. Denn nur das, was den Kern des Menschseins berührt, nutzt sich nicht ab.

Mit dem Vaterunser hat die Christenheit von ihrem Meister einen Gebetstext bekommen, an dem sie nun schon seit bald zwei Jahrtausenden übt und auch in Zukunft üben wird. Wir wollen das Vaterunser hier nicht in allen seinen Einzelaussagen auslegen. Wir wollen uns auf die Frage konzentrieren, was denn an diesem Text zu lernen und zu üben ist. Dank seiner kurzen Sätze und dank der klaren, formschönen Parallelität der Satzglieder prägen sich die Worte rasch ein. Aber Jesus wollte ja sicher mehr als nur ein Auswendigbehalten des Wortlautes. Auswendiggelerntes hat seinen Sinn nie in sich selbst, wohl aber darin, daß es die unumgängliche Vorstufe für jede tiefere, innerliche Aneignung eines Stoffes ist. Worum also geht es?

Wir konzentrieren uns auf die drei ersten Bitten des Vaterunsers: *Dein Name werde geheiligt. Dein Reich komme. Dein Wille geschehe.* Wer so betet, macht Gottes Sache zu seiner eigenen. Der Ton liegt auf dem „Dein". *Dein* Name, *Dein* Reich, *Dein* Wille! Das betonte „Dein" aber meint und fordert das durchgestrichene „Mein", um das sich sonst unser Leben zu drehen pflegt. Nicht meine Ehre steht auf dem Spiel, sondern Gottes Ehre. Nicht auf die Durchsetzung meiner Herrschaftsansprüche kommt es an, sondern auf Gottes Herrschaft. Und nicht mein Wille (der doch eigentlich, wie unsere Redensart sagt, mein Himmelreich ist) soll geschehen, sondern Gottes Wille. Drei Striche durch mein um mich selbst besorgtes Ich, drei Striche, die wirklich auslöschen.

Jesu Gebetsanweisung in diesen drei Bitten ist oft dahingehend mißverstanden worden, als wolle Jesus seine Jünger anleiten, daß sie nur um das Geistliche bitten. Stillschweigend wird bei dieser Auslegung vorausgesetzt, daß das Geistliche eine eigene, besondere Welt ist, von der Welt unserer Alltäglichkeit geschieden. Die vierte Bitte, die Bitte um das tägliche Brot, erscheint dann wie ein nachträgliches Zugeständnis: Um das Brot darf man auch beten, wenn man nur zuerst den geistlichen Dingen Raum gegeben hat. Oder man deutet das Brot der vierten Vaterunserbitte auf eine geistliche Speise (etwa des heiligen Abendmahls), womit die gedankliche Konsequenz erhalten, der Wortlaut aber wohl doch vergewaltigt ist. Der eigentliche Fehler liegt jedoch darin, daß wir uns die Welt des Geistlichen wie einen eigenen Raum vorstellen. Geistlich aber ist nicht ein besonderer Raum, sondern eine bestimmte Art und Weise. Nein, nicht in einen besonderen Raum hinüberziehen will Jesus seine Jünger. Wo hätte solches sonst in seiner Predigt einen Anhalt? Wohl aber will er, daß seine Jünger mitten in dieser Welt, in der sie nun einmal leben, nicht am Wesentlichen vorbeileben. Am Wesentlichen vorbeileben aber heißt, sich am Wesentlichen vorbeisorgen. Es heißt, über dem Kleinen – der Frage, wie ich mit meinen kleinlichen Sorgen zurechtkomme – das Große, Gottes Namen, Reich und Willen zu versäumen. Den ersten Kommentar zum Vaterunser hat Jesus selbst gegeben, als er von den Vögeln unter dem Himmel und den Lilien auf dem Felde sprach (Matthäus 6,25–34) und gegen das kleinliche Sorgen der Menschen den Satz setzte: Trachtet zuerst nach dem Reich Gottes und nach seiner Gerechtigkeit, d. h. nach dem, was Gott recht ist (Matthäus 6,33)! Worum drehen sich denn unsere Gespräche? Was bewegen wir in unseren Gedanken? Jesus fragt in unser Überlegen und Diskutieren hinein: Habt ihr denn nichts Größeres, worüber ihr miteinander reden könnt?

Ein Mensch ist kleinlich in dem Maße, wie das, was ihn umtreibt, kleinlich ist. Das immer neue Beten des Vaterunsers ist eine immer neue Einübung, die uns helfen will, daß unser Blick frei wird für das Große, Allumfassende, eben für Gott und seine Sache. Es ist Übung im Loslassen der Angst um uns selbst, als stünde nur unsere Sache auf dem Spiel. Wie oft sieht gerade auch unser frommes Leben so aus, daß sich alles immer nur um uns dreht! Unser Vorankommen, unser Richtigmachen, unser Rechtbehalten, unser Zurgeltungkommen! Nein – der Mensch ist klein, du bist klein, und Gott ist groß.

Und noch eine Übung schließt solches Beten in sich. Es ist Einübung in das Leiden an der Tatsache, daß Gottes Name so oft verunehrt wird, daß seine Herrschaft sich noch nicht machtvoll und vor aller Augen sichtbar durchgesetzt hat, daß sein Wille so wenig geachtet wird. Wer das Vaterunser wirklich beten lernt, der wird fühlsam werden für alles, was Menschen Gott antun, und dessen ist viel, und es ist schrecklich.

So gibt Jesus seinen Jüngern mit dem Vaterunser mehr als nur eine gute Gebetsformel. Er weist ihnen einen Weg zum Beten, der zugleich und zuerst ein Weg zu einer bestimmten Art zu leben ist. Es ist Jesu Art zu leben. Die Evangelien lassen uns jedenfalls deutlich erkennen, daß Jesus das, was er seinen Jüngern im Vaterunser dringlich gemacht hat, selbst verkörpert hat. Das Vaterunser will nicht nur mit den Lippen gebetet sein, und auch nicht nur mit unseren Gefühlen. Entscheidend ist nicht das Gebet, das wir sprechen, sondern das Gebet, das wir sind. Wer betet, sagt, was ihm am Herzen liegt. Unser Leben zeigt, was uns wirklich am Herzen liegt.

2. Einladung zum Vertrauen

Bittet, so wird euch gegeben; suchet, so werdet ihr finden; klopfet an, so wird euch aufgetan. Denn wer da bittet, der empfängt; und wer da sucht, der findet; und wer da anklopft, dem wird aufgetan. Welcher ist unter euch Menschen, so ihn sein Sohn bittet ums Brot, der ihm einen Stein biete? Oder, so er ihn bittet um einen Fisch, der ihm eine Schlange biete? So nun ihr, die ihr doch arg seid, könnt dennoch euren Kindern gute Gaben geben, wieviel mehr wird euer Vater im Himmel Gutes geben denen, die ihn bitten. Matthäus 7,7–11

Manchem wird die erste Lektion reichlich schwer vorkommen. Sie ist es auch. Daß Gebet und Leben frei werden von der Befangenheit in kleinlichen Existenzsorgen, das ist ein hohes, schier unerreichbares Ziel. Freilich: Jesus stellt die Jünger auf den Weg zu diesem Ziel. Entscheidend ist nun nicht, wie nahe ich dem großen Ziel schon bin, sondern daß ich auf diesem Weg *unterwegs* bin, wie weit auch immer ich dabei noch vom Ziel entfernt sei.

Im übrigen dürfen wir nicht vergessen, daß die Jünger, die sich mit der Bitte „Herr, lehre uns beten!" an ihren Meister wandten, ja keine Anfänger waren. Sie waren in einer Glaubenswelt aufgewachsen, in der das Gebet wahrhaftig keine geringe Rolle spielte. Ich wußte schon viel über das Judentum, insbesondere auch über die jüdische Religion zur Zeit Jesu und über seine Gebetspraxis, aber so recht bewußt geworden ist mir die grundlegende Bedeutung des Gebets in der jüdischen Glaubenswelt erst durch eine Begegnung, die ich vor einigen Jahren in Israel hatte. Wir wanderten durch Galiläa. Es war an einem Freitagabend, also zu Beginn des Sabbats, als wir das kleine Dorf Sede Ilan, eine Siedlung frommer, gesetzestreuer Juden erreichten. Mit einer uns sehr bewegenden spontanen Herzlichkeit wurden wir zunächst zum Gottesdienst in die örtliche Synagoge und dann in die Familien des Dorfes eingeladen, um den Anbruch des Sabbats mitzufeiern. Zusammen mit einem meiner Schüler kam ich in das Haus eines Herrn Zuriel, eines kurz vor Beginn des zweiten Weltkrieges aus Holland eingewanderten Juden, der alle seine Verwandten in deutschen Konzentrationslagern verloren hat. Das Sabbatlicht wurde entzündet, und die Mahlzeit begann. Sie wurde umrahmt von den alten jüdischen Sabbatgebeten, die der Hausvater, wie es ihm zukam, rezitierte. Dazu empfingen wir so manche Belehrung, wobei sich mir vor allem eine, mit einem ganz leichten Anflug von Stolz vorgetragene Bemerkung eingeprägt hat: Unsere Religion ist ja eigentlich im Kern eine betende Religion. Darin sah Zuriel schon für die alttestamentliche Zeit das charakteristische Merkmal jüdischen Glaubens und den eigentlichen Grund für eine Überlegenheit über das damalige Heidentum. Also nicht im Gesetz als solchen, nicht in Opfern oder Reinigungsvorschriften schlug für diesen Mann das Herz seiner Religion, sondern in der Durchdringung aller Lebensvorgänge mit den vorgeschriebenen beziehungsweise empfohlenen Gebeten. Für uns als Christen ist es gut, wenn wir uns klarmachen, daß unser Glaube, der ja nun einmal eine wichtige Wurzel im Judentum hat, aus einer Religion des Gebets hervorgegangen ist. Speziell für unseren Zusammenhang hier aber ist zu beachten, daß die Jünger, die Jesus beten lehrt, in den Überlieferungen einer betenden Religion aufgewachsen waren. Das Vaterunser möchte also Menschen, die bereits ein gutes Stück Gebetserziehung erfahren haben, weiterführen. Die starke Betonung der Bitte um Gottes Namen, Reich und Willen hat denn auch bestimmt nicht den Sinn, dem Menschen das einfältige Aussprechen dessen, was er unmittelbar braucht, zu vermiesen. Überhaupt ist Jesus bei aller Radikalität seiner Verkündigung nirgends ein Freund der Übergeistlichkeit. Wir werden das Vaterunser also nicht richtig verstehen und beten, wenn es das vertrauensvolle Vorbringen dessen, was uns als Mangel bedrückt, zerstört. Daß Jesus gerade um ein solches einfältiges Vertrauen wirbt, zeigt das Gleichnis von der Sohnesbitte, zeigt die werbende Aufforderung „Bittet, so wird euch gegeben!"

Es gibt Menschen, die zu stolz sind, um eine Bitte freimütig auszusprechen. Ihr Ehrgeiz zwingt sie zum Selbermachen, zum Selberfinden und Selberbeschaffen. So kannte ich einen Menschen, der, in eine fremde Stadt gekommen, größte Schwierigkeiten hatte, sich als unwissenden Fremdling zu erkennen zu geben und andere nach dem Weg zu fragen. Lieber suchte er auf eigene Faust, hielt Ausschau nach aushängenden Stadtplänen oder versuchte, mit seinem Orientierungssinn, auf den er große Stücke hielt, zum gewünschten Ziel zu kommen. Er war zu stolz, um zu bitten, und so geriet er in lauter unnötige Schwierigkeiten und Mühseligkeiten und mußte manchen Umweg in Kauf nehmen.

Es gibt auch Menschen, die zu ängstlich sind, um eine Bitte freimütig auszusprechen. Sie fürchten die Enttäuschung einer möglichen Zurückweisung, haben vielleicht auch manche bittere Enttäuschung erlebt. Sie leiden unter dem Zugwind, der durch ein offenes Fenster kommt, aber sie kriegen es nicht fertig, darum zu bitten, daß das Fenster geschlossen wird. Oder sie ersticken fast in schlechter Luft, weil sie es nicht wagen, darum zu bitten, daß etwas gelüftet wird. Sie lassen sich jede Belästigung gefallen, weil sie einfach nicht den Mut haben, ihr Begehren vorzubringen. Lieber schweigen, als eine Fehlbitte tun!

Solche Menschen können auch nicht richtig beten. Der Mensch kann sich ja nicht teilen. Kann ich Menschen gegenüber meine Wünsche nicht freimütig aussprechen, dann kann ich es auch Gott gegenüber nicht. Hemmendes Mißtrauen, das mich im Alltag blockiert, ist doch im Umgang mit Gott nicht einfach verschwunden! An dieser Stelle wirbt Jesus um unser Vertrauen. Bittet doch! Sagt doch, was euch fehlt! Gott wird euch geben, was ihr braucht. Redet doch nicht so viel drumherum, gebt euer stolzes oder ängstliches Schweigen auf und sagt, was ihr wollt!

Um seine Einladung zu bekräftigen, macht Jesus seine Hörer auf einen wunderbaren Zusammenhang aufmerksam. Der Mensch denkt vielleicht, eine Gebetserhörung sei etwas ganz Besonderes, Ungewöhnliches, die Erfahrungsdimension des Alltagslebens Sprengendes. Dagegen setzt Jesus die unleugbare Tatsache, daß gerade der schlichte Familienalltag voll von „Gebetserhörungen" ist. Kinder haben Hunger und bitten den Vater um Brot und Fisch, die einfachsten Nahrungsmittel, von denen eine Familie in Kapernaum oder Bethsaida lebte. Dieser alltägliche Vorgang wird zum Gleichnis für das, was Menschen im Gebet erfahren und empfangen. Die Alltagswelt strahlt auf: sie ist durchsichtig geworden für Geistliches.

Allerdings bleibt ein Unterschied. Jesus mutet seinen Hörern den Schluß vom Kleineren aufs Größere zu. Durch diese Differenz wird das Ganze jedoch noch wunderbarer. Es sind ja wahrhaftig keine Engel, die da von ihren Kindern um das tägliche Brot gebeten werden, sondern Bösewichte. „Ihr, die ihr doch arg seid", so sagt die Lutherübersetzung. Das griechische Wort meint ganz einfach soviel wie „böse", „schlecht". Ja, aber in dieser bösen Welt, die von bösen Menschen bestimmt ist, gibt es doch das Wunder einfachen, kindlichen und – worauf es hier besonders ankommt – nicht enttäuschten Vertrauens, das sich im Bitten und Quengeln kundtut. Diese Welt, sie mag noch so böse sein, ist immerhin gleichnisfähig, ist geeignet, als gutes Beispiel zu dienen! In ihrer Dunkelheit strahlt ein Stück Ewigkeit auf. Böse Väter geben gute Gaben, lassen ihre Kinder nicht verhungern. Wieviel mehr ist von Gott zu erwarten, der nicht arg ist! Er ist der himmlische Vater, den ja auch das Vaterunser nicht umsonst als den „Vater im Himmel" anredet.

Zwei Bemerkungen zur Bezeichnung Gottes als Vater sind hier noch zu machen. Zum einen: Füllen wir die Vateranrede nicht mit weicher, wirklichkeitsfremder Sentimentalität! Achten wir, auch beim Aussprechen des Wortes ‚Vater' in unserem Beten darauf, daß sich keine falsche Gefühligkeit einschleicht. Dem Neuen Testament werden wir mit sentimentalem Tonfall jedenfalls nicht gerecht, und Gott schon gar nicht. Vor allem wollen wir die Fülle dessen, was der biblische Gottesglaube von Gott zu sagen weiß, nicht reduzieren auf eine zutiefst infantil gebliebene Kind-Vater-Beziehung. Gott ist viel zu groß, zu fremd und vor allem auch viel zu schrecklich, als daß er in einer solchen pseudokindlichen Haltung ernstlich angebetet werden könnte. Aber eines ist klar, und das verbindet sich gerade mit der Vater-Anrede: Daß ich bin, verdanke ich nicht der Tatsache, daß ich mich gewollt habe, sondern daß Gott mich gewollt hat. Alles, was ist, verdankt sein Dasein nicht sich selbst, sondern dem Willen Gottes, der eben Vater sein, der Kinder haben wollte. Ihm aber, der uns gewollt hat und will, obliegt die Fürsorge für uns. Das ist sein Vaterrecht und seine Vaterpflicht, und darauf können wir uns verlassen.

Zum anderen: Hüten wir uns davor, von unseren irdischen Vatererfahrungen auf Gottes Vatersein zurückzuschließen! Die Heilige Schrift rechnet ja noch fast gar nicht mit einem Problem, das in unseren Tagen ein immer schrecklicheres Gesicht bekommt. Sie rechnet nicht mit neurotisierten Lesern, die ihre Fehlhaltungen in das biblische Wort hineinlesen und auf diese Weise aus biblischen Worten Mauersteine für ihr selbsterrichtetes Gefängnis gewinnen, Steine, die der Mauer ein kunstvolles Aussehen und eine schier unerschütterliche Festigkeit verleihen. Sie rechnet also auch nicht mit Menschen, die ihr mangelhaftes Vaterbild in Gott hineinprojizieren und die dann auch in ihrer Gottesbeziehung über eine peinlich unerwachsene Unterwürfigkeit und über eine an allen Ecken und Enden schmerzlich hemmende Vaterfurcht nicht hinauskommen. Es ist kaum zu ermessen, in welchem Maße auch das Vatergebet vieler Christen in unreifer Infantilität steckenbleibt. Das Gebet, das doch aus der Not neurotischer Selbstzerstörung hinausführen sollte, führt dann gerade nur noch tiefer in sie hinein.

Was hilft uns hier? Nehmen wir das Wort Jesu ernst. Bitten wir Gott mutig und zuversichtlich, ungehemmt und fordernd, so wie eben Kinder, die Hunger haben, sich nicht lange zieren, sondern mit dem schlichten Wort „Brot!" sagen, was sie brauchen. Und wo Kinder noch halbwegs gesund sind, da kleiden sie ihren Wunsch nach einem Stück Brot wahrhaftig nicht in gezierte und geschraubte Höflichkeitsformeln. Sie können quengeln und schreien, und in ihr Quengeln legen sie die ungeteilte und ungebrochene Kraft, die ihnen der Hunger verleiht. Wenden wir uns also mit all unserem Vermögen an unseren himmlischen Vater. Schreien wir mit aller Kraft nach dem, was wir zum Leben brauchen. Und verbinden wir mit Gottes Vaterschaft vor allem dies, daß er die Verantwortung für das Werk seiner Hände trägt. Daß wir leben und daß wir nicht schlecht leben, das ist sein Vaterwille, auf ihn ist Verlaß.

3. In Jesu Namen beten

Was ihr bitten werdet in meinem Namen, das will ich tun, auf daß der
Vater verherrlicht werde in dem Sohne. Was ihr mich bitten werdet in
meinem Namen, das will ich tun. Wahrlich, wahrlich, ich sage euch:
Wenn ihr den Vater etwas bitten werdet, so wird er's euch geben in
meinem Namen. Bisher habt ihr nichts gebeten in meinem Namen.
Bittet , so werdet ihr nehmen, daß eure Freude vollkommen sei.

Johannes 14,13–14; 16,23–24

Auch aus diesen Worten hören wir die werbende Stimme
Jesu, der das Vertrauen seiner Jünger wecken möchte. An die
Aufforderung, den Vater zu bitten, ist auch hier die großzügige
Verheißung geknüpft: Was ihr bitten werdet, der Vater wird es
euch geben. Aber dann scheint da doch eine Einschränkung zu
sein in Gestalt der rätselhaften Klausel „in meinem Namen". Die
Erhörung des Gebets ist offenbar daran gebunden, daß es in Jesu
Namen gesprochen ist. Was aber heißt das? Sicher nicht dies,
daß man sein Beten durch den Gebrauch der Formel „in Jesu
Namen" verzieren und abrunden soll, auch wenn sich das in der
deutschen Sprache so herrlich (und manchmal geradezu markig)
auf das abschließende „Amen" reimt. Nicht ein bestimmtes
Ritual will Jesus seinen Jüngern nahebringen – was aber dann?
Wir müssen vor allem an den rechtlichen Charakter des Ausdrucks „im Namen . . ." denken. Es geht darum, daß ein Wort
oder eine Handlung durch die Berufung auf einen anderen als
den eigentlichen Urheber autorisiert wird. Wer im Namen eines
anderen auftritt, stellt damit klar, daß er nicht in eigener Sache
kommt. Er vertritt nicht seine persönlich-privaten Anliegen,
sondern die Interessen desjenigen, in dessen Namen er kommt.
In Jesu Namen beten heißt, daß ich Gott nicht meine Anliegen
vorbringe, sondern die Anliegen seines Sohnes. Ich bitte Gott
also um das, was Jesus am Herzen liegt und was er selbst von
seinem Vater erbittet. Und so wie Jesus nicht vergeblich bittet,

so kann auch das Beten dessen, der in Jesu Namen betet, nicht vergeblich sein.

Die entscheidende Frage ist dann die: Woher weiß ich denn, was Jesus am Herzen liegt? Wann kann ich mit objektivem Recht und mit innerer Gewißheit sagen, daß das, was ich jetzt von Gott erbitte, nicht meine eigene Sache ist? Offensichtlich ist solches Beten wirklich keine Selbstverständlichkeit. Es ist keine Anfängergnade. Jesu Wort „Bisher habt ihr nichts gebeten in meinem Namen" zeigt, daß er seine Jünger mit einer neuen, ihnen bislang noch unbekannten Art des Betens vertraut machen möchte. Er will sie auf eine neue Stufe führen. Diese muß etwas zu tun haben mit dem Freundes-Status, den Jesus nach der Überlieferung des Johannesevangeliums seinen Jüngern gewährt: „Ihr seid meine Freunde, wenn ihr tut, was ich euch gebiete. Ich sage hinfort nicht, daß ihr Knechte seid; denn ein Knecht weiß nicht, was sein Herr tut. Euch aber habe ich gesagt, daß ihr Freunde seid; denn alles, was ich habe von meinem Vater gehört, habe ich euch kundgetan" (Johannes 15,14–15). Ein Knecht weiß nicht, was sein Herr tut. Wohl führt er gehorsam aus, was ihm befohlen ist, aber der Herr vertraut sich seinen Knechten nicht an. Was ihn eigentlich bewegt, darüber tauscht er sich nicht mit seinen Knechten aus, sondern mit seinen Freunden.

Es gibt ein Christentum, das im Grunde genommen auf der Stufe des Knechtseins stehenbleibt. Wir könnten viel Positives sagen über die Treue solcher Menschen, die einfach tun, was ihnen von Gott aufgetragen ist und darin womöglich sogar eine geradezu bewundernswerte Beharrlichkeit an den Tag legen. Aber da bleibt eine empfindliche Grenze: was eigentlich im Herzen dessen vorgeht, den sie ihren Herrn nennen, bleibt ihnen fremd. So gehorchen sie einem Gott, von dem sie sehr unzureichende Vorstellungen haben. Jesus möchte, daß aus Knechten Vertraute werden, die wissen, was ihr Herr tut und warum er es tut, und warum er es so tut, wie er es tut. Sie sind es, die seine innersten Beweggründe kennen gelernt haben und nun aus solchem Vertrautsein heraus in Jesu Namen zum Vater beten. Aber noch einmal stellt sich die Frage: Wie kommt es zu diesem Schritt vom Knechtsein zum Freundsein? Welche Erfahrung ist hier gerade im Gebet zu machen? Es ist der Schritt vom Reden zum Hören. Ein schwieriger Schritt! Unser Beten ist für gewöhnlich unser Reden und weiter nichts. Wir leisten uns im Umgang mit Gott etwas, was wir im Umgang mit Menschen für unmöglich halten: wir reden auf den anderen ein und lassen ihn nicht zu Wort kommen. Ein Gebet, das Gott nicht zu Worte kommen läßt, ist ein Widerspruch in sich selbst. Das „Amen", mit dem wir unsere Gebete schließen, ist unser letztes Wort, und dann kommt aber auch nichts mehr. Unser Beten bleibt stecken im Monolog. In Verdrehung eines alttestamentlichen Satzes (1. Samuelis 3,10) geht alles nach der Melodie: Höre, Herr, dein Knecht redet! Wir gleichen einem Funkgerät, das immer nur auf „Senden" und nie auf „Empfangen" eingestellt ist. In unserem geistlichen Leben fehlt das „bitte kommen", mit dem der Funker seinem Gesprächspartner zu verstehen gibt, daß er jetzt sofort auf Empfang schalten wird. Aber offenbar legen wir auch gar keinen Wert darauf, daß Gott kommt.

Das ist ein wirkliches Steckenbleiben, bei dem alle tieferen Erfahrungen notwendigerweise ausbleiben. Dabei legen fromme Menschen soviel Wert auf Gebetserhörungen und sprechen auch gerne davon. Aber Gebetserhörung und im Gebet auf Gottes Stimme hören, das ist nicht unbedingt dasselbe. Das Hören war noch nie des Menschen Stärke. Schon der Jakobusbrief mußte mahnen: „Ein jeglicher Mensch sei schnell zum Hören, langsam zum Reden" (1,19). Normalerweise ist es umgekehrt. Warum?

Hören schließt immer die Gefahr in sich, daß die Wahrheit an den Tag kommt. Und je unbestechlicher der ist, auf dessen Wort ich hören soll, um so mehr muß ich damit rechnen, daß die Wahrheit über mein Leben an den Tag kommt, und das wird im allgemeinen sehr unangenehm sein. Niemand aber ist unbestechlicher als Gott.

Es ist noch nie schwer gewesen, jemandem zuzuhören, der mir nach dem Munde redet. Ein solcher Mensch richtet sich ja nicht nach der Wahrheit, sondern nach dem, was ich wohl gerne höre. Das ist das Schmeichelwort, das mich da lobt, wo ich Kritik brauche. Unser Hören ist oft nichts anderes, als daß wir nach solchen geschmeichelten Aussagen angeln, „fishing for complements", wie der Engländer so treffend sagt. Aber Gott hat noch nie einem Menschen geschmeichelt. Wer Gott zuhören will, muß sich darauf einstellen, daß er schwerlich das zu hören bekommt, was er gerne hören möchte. Schon Augustin hat diesen Zusammenhang entdeckt, wenn er schreibt: „Allüberall bist Du, Wahrheit, und für alle überall, die dich befragen, und allen gibst du ewig gleiche Antwort, wo sie Verschiedenes auch fragen. Klar gibst du Antwort, und doch nicht hören's alle klar. Alle zwar fragen dich, was sie gern hören wollen, doch hören sie nicht immer, was sie hören wollen. Der ist der beste deiner Diener, dem weniger daran liegt, zu hören, was er will, als zu wollen, was er von dir hört" (Confessiones, 10. Buch, 26. 27).

Schon im Umgang miteinander sind Bereitschaft und Fähigkeit zum Zuhören oft miserabel. Wer einem Menschen nicht in Geduld und absichtslos zuzuhören vermag, der denke nicht, daß er es in dieser Beziehung mit Gott leichter hätte. Wir können uns nicht teilen. So mancher klagt darüber, daß er beim Beten das Gefühl hat, ins Leere hineinzusprechen, und brauchte sich doch eigentlich nicht zu wundern, weil er es ja im täglichen Leben auf Schritt und Tritt darauf anlegt, sich gegen das Wort, das er hören soll, zu immunisieren. Wer nicht gern hört, bekommt auch nicht viel zu hören.

Es ist nicht nötig, hier ausführlich über unsere mit Lärm erfüllte Welt zu sprechen. Wir haben ihren Lärm ja fast ständig im Ohr und wissen, wie laut es um uns herum ist. Schlimm – und sehr bemerkenswert! – ist nun aber die Tatsache, daß der lärmgeplagte Mensch (mehr als zwei Drittel der Bevölkerung bei uns klagen über zuviel Lärm!) sich selbst zusätzlichen Lärm macht. Da ist der Fernseher, der im Hintergrund läuft, obwohl keiner richtig hinschaut. Da ist die berauschende Musik aus Rundfunk, Plattenspieler und Cassettenrecorder, die mit ihrem Geräusch unsere Räume füllt. Warum? Was wäre denn, wenn diese Geräusche einmal ganz abgeschaltet werden? Die Wahrheit würde zutage treten, und sie würde uns sagen, wie einsam wir sind, wie hohl und sinnlos unser Tun ist, daß wir unsere Tage zubringen wie ein Geschwätz und daß wir nicht imstande sind, das Alleinsein auszuhalten. Aber all die Geräusche betäuben unser inneres Ohr und machen uns immun gegen jedes wesenhafte Wort. Da nützt auch keine noch so korrekt vorgetragene „Theologie des Wortes" mehr – die Theologen sollten es endlich ernsthaft realisieren! Wenn das Ohr erst einmal kaputt ist, verhallt das Wort ungehört. Betäubten Ohren kann man nichts predigen.

Ja, „wenn es nur einmal so ganz stille wäre", so möchte man mit Rainer Maria Rilke sagen. Wenn es nur einmal so ganz stille wäre, die Stimme Gottes würde sich vernehmen lassen. Keiner brauchte lange mehr darüber zu jammern, daß wir in unseren Tagen so wenig von Gott erleben. Das falsche und unernsthafte Reden vom „Tod Gottes" würde zerplatzen wie eine Seifenblase. Ja, wenn es nur einmal so ganz stille wäre!

Kein Gebetsleben gedeiht ohne den Kampf gegen den Lärm. In einer Zeit, die uns heute im nachherein beinah beschaulich still erscheint, vor mehr als hundert Jahren, stellte Sören Kierkegaard bereits die Diagnose, die sich inzwischen in schrecklicher Weise bewahrheitet hat: die Welt ist krank an der fehlenden Stille. „Der heutige Zustand der Welt, das ganze Leben ist krank. Wenn ich Arzt wäre und man mich fragte, was rätst du? – ich würde antworten: Schaffe Schweigen! Bringe die Menschen zum Schweigen. Gottes Wort kann so nicht gehört werden. Und wenn es unter der Anwendung lärmender Mittel geräuschvoll hineingerufen wird, damit es selbst im Lärm gehört werde, so ist es nicht mehr Gottes Wort. Darum schafft Schweigen!"

Es gibt keinen Fortschritt im geistlichen Leben und kein ernsthaftes Reifen der spirituellen Persönlichkeit, wenn bei jeder Arbeit stimulierende Begleitmusik laufen muß. Wehe dem, der sich hier etwas vormacht. Und wer allen Ernstes ein tüchtiger Beter sein möchte, gleichzeitig aber dem Lärm widerstandslos ergeben ist, betreibt etwas Sinnloses, das keine Verheißung hat.

Rundfunkgeräte und Plattenspieler kann man abschalten. Manchem mag es schwer fallen, aber wenn der richtige Knopf gedreht ist, dann schweigt die Musik und es ist mausestill. Aber da ist dummerweise noch eine andere Lärmquelle, die viel schwerer abzuschalten ist; die Welt unserer schier unerschöpflichen Gedanken. Ununterbrochen summt und brummt und braust und rauscht es in unserem Inneren. Gerade der in die Stille hineinlauschende Beter erfährt es in erschütterndem Ausmaß: die Unruhe, die ihren Quellort irgendwo in uns selbst hat, unsere nie ganz stillstehende Gedankenproduktion, die uns an das von Buddha gebrauchte Bild erinnert, der von den Gedanken spricht, die wie die Affen durch die Bäume springen. Dies ist ein sehr subtiler Lärm. Worte, die keiner, der mit im Zimmer ist, hört, und die doch da sind. Versuche nur, die Quelle zu verstopfen, aus der die zerstreuenden Gedanken kommen, und sieh zu, wie weit du dabei kommst. Da wollte jemand wenigstens ein kurzes Vaterunser einmal mit voller Konzentration beten, und er nahm sich vor, mit seinem Gebet unerbittlich von vorne zu beginnen, sobald er sich auch nur bei einem einzigen abschweifenden Gedanken ertappte. Man sagt, der Mann betet immer noch.

Gedanken sind Worte, die wir leise sprechen. Aber wir sprechen eben doch, und Sprechen bedeutet nun einmal stark herabgesetzte Hörfähigkeit. Ich kann nicht „ganz Ohr sein", wie unsere Sprache so schön sagt, wenn ich innerlich pausenlos rede. Meine Gedanken, selbst wenn sie fromm sind, bleiben ein empfindliches Hindernis, auch wenn es mir gelungen ist, alle anderen Lärmquellen auszuschalten. Was machen wir mit diesen unruhigen Geistern? Ein paar kleine, praktische Hilfen seien hier gegeben.

(1) Reg dich nicht auf, wenn du dir deines eigenen Gedankenlärms bewußt wirst. Dadurch wird nichts gebessert, im Gegenteil. Denn Ärger über die Unruhe ist vermehrte Unruhe, ist sozusagen Unruhe in zweiter Potenz.

(2) Mache keinen Versuch, die störenden Gedanken zu vertreiben oder zu unterdrücken. Sie kommen doch wieder. Denke vor allem nicht, daß solche Gewaltsamkeiten etwas mit Konzentration zu tun hätten. Wirkliche Konzentration ist ja nicht eine aktive Leistung meinerseits, sondern die Erfahrung, von etwas Großem völlig eingenommen zu sein.

(3) Versuche, deinen eigenen Gedanken freundlich und mit etwas Humor zuzuschauen, wie sie kommen und gehen. Wie man den Wolken zuschaut und sie über den Himmel ziehen läßt, sagen die Lehrer des Ostens. Denke vor allem nicht, daß die Gedanken, die du als frommer Mensch meinst denken zu müssen, wichtiger wären als die Gedanken, die dir jetzt gerade kommen. Was dir jetzt kommt, ist allemal wichtiger als das, was deiner guten Meinung nach kommen müßte.

(4) Lausche in die Stille hinein, ob nicht in, mit und unter den kommenden und gehenden Gedanken ein Wort Gottes dein Ohr sucht.

Das letzte wird gewissenhaften Menschen, zumal wenn sie etwas theologisch geschult sind, ziemlich fragwürdig erscheinen. Sie werden nur eine Sorge haben: daß es zu höchst gefährlichen Täuschungen kommt. Wer sagt mir denn, daß das in der Stille aufsteigende Wort Gottes Wort ist? Freilich, ich kann mich schrecklich täuschen, und ich habe mich schon schrecklich getäuscht. Aber soll ich deswegen das Lauschen aufgeben? Soll ich die Frage nach dem Wort Gottes, das zu mir will, aus Sicherheitsgründen reduzieren auf das Hören des Wortes biblischer Schriftsteller und kirchlicher Verlautbarungen? Aber wer garantiert mir hier, daß es wirklich Gott ist, der zu mir spricht? Auch Bibelworte können vom Teufel kommen; er versteht es, daß biblische Wort zu zitieren, wie uns die Geschichte von Jesu Versuchung deutlich zeigt (Matthäus 4,5–7). Nein, wir sind und bleiben täuschbar. Aber gerade weil wir täuschbar sind, gilt es immer wieder zu lauschen und sich im Lauschen zu üben. Das Beten dessen, der im Glauben wächst und reift, zeichnet sich dadurch aus, daß es immer mehr den Charakter des geduldigen und gewiß nicht unkritischen Lauschens hat. Im übrigen sind wir den möglichen Täuschungen ja nicht schutzlos preisgegeben. Setze das, was du zu hören meinst, dem kritischen Regulativ der Heiligen Schrift und dem prüfenden und korrigierenden Wort der Brüder und Schwestern aus. Auf keinen Fall aber laß im Lauschen nach.

(5) Achte bei den Gedanken, deren Kommen und Gehen du beobachtest, immer besonders auf das, was dir zu einer bestimmten Frage oder Angelegenheit zuerst in den Sinn kommt. Verwirf es nicht so schnell – oft hat es einen ganz besonderen Wert.

Zurück zu unserem Kapitelthema: Im Namen Jesu beten lernen wir, indem wir uns darin üben, hörend zu beten. Ob unser Gebet auf diesem Wege eine Einschränkung erfährt? Ob sich die Weite der Verheißung verengt, wenn wir sie auf das in Jesu Namen gebetete Gebet beschränken? Ich kann es mir nicht vorstellen. Wer sich in den Klang der eingangs angeführten Worte aus dem Johannesevangelium hineinhört, spürt auch, daß es Jesus nicht darum geht, das Beten seiner Jünger einzuengen. Im Gegenteil! Ihr Beten soll auf diesem Wege größer und weiter werden. Unsere armen Herzen sind ja so klein, und was an

Wünschen und Wollen aus diesen kleinen Herzen kommt, trägt die Kennzeichen unseres kleinen Herzens. Es klingt ängstlich und besorgt. Wer vertraut mit dem Herzen Gottes wird und etwas spürt von dem, was dieses Herz bewegt, dessen Beten wird ganz bestimmt nicht eingeengt. Es wird zum Gebet für die Welt, zum leidenschaftlichen Eintreten für das Wohlergehen aller Geschöpfe, so wie eben Gottes Herz für alle seine Geschöpfe schlägt. Ein Gebet, das von der leidenschaftlichen Liebe zu Gottes Geschöpfen beseelt ist, das kann ich wirklich in Jesu Namen beten; es ist ein Gebet nach seinem Herzen und ist Teil seines unstillbaren Verlangens nach der Erlösung der Welt.

Dann verstehen wir auch, warum Jesus solches Beten mit der Verheißung vollkommener Freude verbindet (Johannes 16,24). Nicht daß die Jünger vorher keine Freude gekannt hätten. Aber alles Glück ist vorläufig und unvollkommen gegenüber der Freude über jeden Schritt, der ein Schritt zur Erlösung ist. Größere Freude als die über wirklich gewordene Erlösung gibt es nicht. Sie ist die vollkommene Freude.

4. Wir wissen nicht, was wir beten sollen

Desgleichen hilft auch der Geist unserer Schwachheit auf. Denn wir wissen nicht, was wir beten sollen, wie sich's gebührt; sondern der Geist selbst vertritt uns mit unaussprechlichem Seufzen. Der aber die Herzen erforscht, der weiß, was des Geistes Sinnen sei; denn er vertritt die Heiligen, wie es Gott gefällt. Römer 8,26–27

Viele fromme Menschen beten einfach drauflos. Sie haben das Beten vielleicht von Kindheit auf gelernt. Die Worte, meistens sind es fromme Formeln, fließen ihnen mit einer beachtlichen Leichtigkeit zu. Bei Krankheit bittet man um Gesundung, vor einer Prüfung darum, daß man sie besteht, vor einer Veranstaltung um gutes Gelingen, angesichts von Armut um Überwindung derselben. Nie würde es solchen Menschen in den Sinn kommen, daran zu zweifeln, daß sie recht beten und daß ihr Beten Gott gefällt. Gewiß, Beten ist so leicht, daß schon ein ganz kleines Kind es lernen kann, aber es ist auch so schwer, daß selbst ein alter Mensch darin schwerwiegende Fehler machen kann.

Ein deutsches Märchen erzählt von einem armen Ehepaar, ehrsamen Leuten, die in Frieden alt geworden sind und denen eine gute Fee deswegen die Freiheit gibt, drei Wünsche zu äußern, die dann auch in Erfüllung gehen sollen. Natürlich ist das Glück über dieses unverhoffte Geschenk riesig groß; der alte Mann vermag es kaum zu fassen, und in seiner Freude ruft er aus: „Jetzt möchte ich erst einmal eine ordentliche Bratwurst haben!" Kaum ist der Wunsch seinen Lippen entflohen, da liegt auch schon die Bratwurst auf dem Tisch. Mit Entsetzen sieht die Frau, daß der erste Wunsch damit schon vergeben ist, und in ihrem Zorn schreit sie: „Die Bratwurst müßte dir an der Nase kleben!" – und so geschieht es auf der Stelle. Kein Mittel vermag die Bratwurst abzulösen. Wir ahnen, wie die Geschichte ausgehen wird: der dritte Wunsch muß darauf verwendet werden, daß die Bratwurst wieder von der Nase des Mannes verschwindet, und die drei Wünsche sind sinnlos vergeudet.

Das kleine Märchen steckt voll tiefer Weisheit. Es zeigt in erschütternder Weise, wie töricht unser Wünschen ist. Es deckt damit aber auch eine Not unseres Betens auf. Da gibt uns unser Herr die größten Verheißungen; er will uns geben, was wir brauchen, aber wir wissen nicht, was wir brauchen. Das macht ja gerade die Not unseres Lebens aus, daß wir soviele Wünsche haben und uns dabei nur zu oft darüber hinwegtäuschen, wie töricht diese Wünsche sind. Unser Wissen ist dürftig und gerade an dieser Stelle, die für unser Lebensglück so entscheidend ist, können wir nur bekennen: „Unser Wissen und Verstand ist mit Finsternis umhüllet." Würde Gott uns alle unsere Gebetswünsche erfüllen, es wäre bestimmt nicht zu unserem Heil. Unser Beten kann ja nicht gut anders sein, als wir eben sind. Es gibt keine Schwäche unserer Person, die sich nicht auch in unserem Beten niederschlagen würde. Einem Menschen, dem dies bewußt wird, könnte solche Einsicht wohl den Mund verschließen.

Im Zusammenhang des diesem Kapitel vorangestellten Abschnitts aus dem Römerbrief ist von einer besonderen Schwierigkeit bei unserem Beten die Rede. Unsere Not besteht darin, daß wir zwar erlöst sind, daß aber der Tag, an dem diese Erlösung leibhaftige Wirklichkeit wird, die wir nicht nur glauben und hoffen, sondern schauen und fühlen, noch aussteht. „Die Leiden dieser Zeit" (Römer 8,18) bleiben spürbar, und oft sind sie viel mehr als nur eine kleine Beeinträchtigung unseres Lebensglücks. Sie sind Bedrohung und Anfechtung, die uns ernstlich erschüttern will. Sie bewirken Angst, Schmerz, Klage, Seufzen, Sehnsucht. In diesem Klagen und Seufzen ist der Mensch nicht allein. Mit allen Geschöpfen zusammen sind wir in dieser Not verbunden. Das Gebet des Christen erhebt sich nach Paulus nun nicht etwa mit kräftigem Pathos aus dieser Not. Es ist selbst von dieser Not betroffen. So schwach und kläglich, wie wir sind, so schwach und kläglich ist auch unser Beten. Unsere Hoffnung kann also nicht darauf beruhen, daß wir zwar schwach und elend sind, aber doch wenigstens als Beter etwas Tüchtiges leisten. Nein, wir sind so sehr durcheinander, daß wir weder die rechten Worte noch den rechten Stil für unser Beten finden. Unser Beten wäre eine verlorene Sache, wenn wir hier auf uns gestellt wären. Der Inhalt unseres Betens wäre bestimmt durch Ratlosigkeit, der Stil wäre ungebührlich, wie es eben nicht anders zu erwarten ist, wenn jemand nicht mehr aus noch ein weiß. Aber wir sind nicht allein. Unser Beten hat einen mächtigen Verbündeten: Gottes Geist, der in uns und für uns betet.

Damit wäre uns nun wirklich geholfen, doch leider ist gerade die Dimension, die Paulus hier mit dem Hinweis auf den Geist anspricht, bei vielen Christen beinah hoffnungslos vergessen. Vor allem für ein intellektualistisches Christentum ist das Wort „Geist" ein Fremdwort, mit dem sich kaum eine Wirklichkeitserfahrung verbindet. Auf der anderen Seite stehen Menschen, die das Wirken des Geistes stark betonen, pfingstlerische Kirchen und charismatische Bewegungen. Ihre Leidenschaft für den dritten Glaubensartikel wird dem biblischen Wort bestimmt besser gerecht als jede geistfremde theologische Intellektualität. Freilich neigen solche Gruppen oft dazu, in allzu einfältiger Weise fragwürdige und ungesunde seelische Regungen für Geisteswirkungen auszugeben oder die spektakulären Äußerungen der Wirksamkeit des göttlichen Geistes so einseitig in den Vordergrund zu rücken, daß die feineren, subtileren Regungen des Geistes unbekannt bleiben. So aber wird geistliche Reifung erschwert, wenn nicht gar verhindert.

Aber geben wir dem Geist Gottes die Ehre, indem wir dem Werk nachspüren, das Paulus hier dem Geist zuschreibt: Er betet in uns. Paulus setzt dabei als selbstverständlich voraus, daß alle Christen den Geist empfangen haben, daß er in ihnen wohnt und daß er nicht untätig ist. Aber sein Beten ist ein wortloses, unartikuliertes Seufzen. Das Wort „unaussprechlich", das wir in der Luther-Bibel lesen, gibt den Sachverhalt nicht ganz erhellend wieder. Gemeint ist wohl eine das artikulierte Sprechen sprengende Ausdrucksweise. Nicht Worte formt der Geist in uns, und doch bringt er sein Anliegen zum Ausdruck. In das Seufzen, das nach Paulus (Vers 22) unser und aller Kreaturen Los ist, stimmt Gottes Geist auf seine Weise ein. Daß dieses Seufzen unartikuliert bleibt, ist wohl nicht darum so gesagt, weil es der Geist vielleicht nicht besser kann. Sein Seufzen sprengt die engen Grenzen, die allen Worten eigen sind, und darum bleibt es unartikuliert.

Und Gott versteht es. Was seinem Geist am Herzen liegt,

kann ihm ja nicht fremd sein! Es ist zunächst einmal eine wundersame Vorstellung: Da betet Gott (in Gestalt seines Geistes) offenbar zu sich selbst, und natürlich versteht er sich auch selbst. Da ist das Verlangen nach Erlösung nicht nur menschliche, kreatürliche Sehnsucht, sondern Gottes innigster Wunsch. Da entringt sich der Schrei nach einem Ende aller Leiden nicht nur einem gequälten Menschenherzen, sondern Gott selbst. Gott aber, der doch eigentlich nach allen herkömmlichen Bestimmungen absolut und vollkommen ist, scheint allen Ernstes noch etwas zu fehlen. In unserem Verlangen nach Erlösung aber sind wir nicht allein. Daß alles so elend unvollkommen ist, das tut nicht nur uns weh, sondern Gott selbst.

Es wäre ein Jammer, wenn diese Aussagen bloße Vorstellung blieben. Dann wären sie eine zwar seltsam schöne, aber doch zutiefst kraftlose Spekulation. Wie können sie zur inneren Erfahrung werden? Was hier zu sagen ist, hängt mit dem zusammen, was wir im vorigen Abschnitt zu zeigen versucht haben. Wer auch im Gebet nur immer drauflosredet, dem wird die Wirklichkeit des wortlosen Seufzens fremd bleiben. Fangen wir also an, bei unserem Beten leise zu lauschen. Nehmen wir wahr, was wahrzunehmen ist. Steigen wir sozusagen hinab in den tiefen Schacht, mit dem wir zu vergleichen sind. Wir lassen eine Sohle nach der anderen hinter uns. Was wir denken und meinen, wissen und wollen, haben und können, alles das versinkt immer mehr. In dem Maße, wie dies alles zum Schweigen kommt, stoßen wir allmählich auf die dunkle, schweigende Schicht dessen, was all unserem Denken, Wissen und Wollen zugrunde liegt. Und plötzlich kann es geschehen, daß wir spüren, wie das Verlangen nach Erlösung tief in uns pulsiert – nicht unseren Nöten und unseren Einfällen entsprungen, sondern von Gott selbst in uns hineingelegt und von seinem Geist in uns gewirkt.

Wer einmal schmerzlich erlebt hat, wie töricht und wie schwach sein Beten ist, der wird sich nach dieser Erfahrung ausstrecken. Sein Beten wird gerade darin wachsen und reifen, daß es immer mehr zum Lauschen auf die Stimme des Geistes wird. Törichtes Beten versucht, an der Wirklichkeit des pneumatischen Betens vorbei zu Gott zu reden. Es macht soviel Geräusch, daß die Stimme des Geistes nicht mehr zu vernehmen ist. Geistlich kluges Beten vertraut sich dem Beten des Geistes an, läßt sich von ihm inspirieren und freut sich daran, daß es auf diesem Wege teilhat an dem ewigen Gespräch, das Gott in sich und mit sich selber führt und das nichts Geringeres zum Ziel hat als die Erlösung aller seiner Geschöpfe und die Überwindung alles Leides.

Diesen Weg zu beschreiten ist zunächst ein demütigender Schritt. All die unfromme Einbildung, die meint, schön und geistvoll und gottwohlgefällig beten zu können, geht in Trümmer. Aber es ist gut, wenn uns dieser Stolz zerbrochen wird. An solchem Zerbrechen vorbei gibt es kein geistliches Wachstum. Die Stunden, in denen wir so sehr gequält sind, daß auch unser gewohntes Beten zusammenbricht, haben eine besondere Verheißung. Unser gelerntes Beten kann unterbrochen werden, es mag sogar völlig zerbrechen. Der Geist Gottes in uns aber kennt in seinem Beten keine Unterbrechung. Sein Seufzen bleibt, bis es sein Ziel erreicht, und es wird sein Ziel erreichen.

5. Anders als die Heuchler (1)

Wenn ihr betet, sollt ihr nicht sein wie die Heuchler, die da gerne stehen und beten in den Synagogen und an den Ecken auf den Gassen, auf daß sie von den Leuten gesehen werden. Wahrlich, ich sage euch: sie haben ihren Lohn dahin. Wenn du aber betest, so gehe in dein Kämmerlein und schließ die Tür zu und bete zu deinem Vater, der im Verborgenen ist; und dein Vater, der in das Verborgene sieht, wird dir's vergelten.

Matthäus 6,5–6

Heuchlerische Fromme sind die eigentlichen Gegner Jesu. Es ist erstaunlich, mit welcher Geduld und Liebe er moralisch verkommenen Menschen nachgeht und für ihr Ansehen öffentlich eintritt. Hier erscheint Jesus unendlich freundlich und rücksichtsvoll. Aber im Kampf gegen die Heuchelei werden seine Worte grob und scharf, ja, mitunter sogar ironisch und sarkastisch. Heuchelei scheint also schlimmer zu sein als Unmoral.

Vor allem der Frömmigkeit der Pharisäer, derer also, die sozusagen „mit Ernst Juden sein wollten", macht Jesus immer wieder den Vorwurf, sie sei heuchlerisch. Das Verständnis dessen, was Jesus eigentlich meinte, wird immer wieder dadurch verfehlt, daß die Ausleger den Pharisäern unterstellen, sie hätten subjektiv und bewußt eine Scheinfrömmigkeit entwickelt und mit voller Absicht fromme Dinge gesagt und getan, die sie eigentlich ganz anders meinten. Diese Auffassung ist falsch. Sie macht den Pharisäern einen durchaus unberechtigten Vorwurf und unterschätzt die Ernsthaftigkeit ihres religiösen Wollens. Nein, nicht die bewußte Verstellung macht das Böse und das Unheil der Pharisäer aus. Abgesehen davon, daß diese Auffassung den biblischen Texten und den geschichtlichen Tatsachen nicht gerecht wird, hat sie den schwerwiegenden Nachteil, daß die gegen die pharisäische Heuchelei gerichteten Worte Jesu auf diese Weise ihre uns heute treffende Schärfe verlieren. Wo ist denn unter den Frommen unserer Tage so ein Wolf im Schafspelz, der ganz genau weiß, daß er nicht fromm ist und daß er es auch nicht sein will, der aber aus irgendeinem Grunde trotzdem so tut? Wer stürzt sich schon in so unnötige Unkosten? Bosheit und Unglück des Pharisäers sind vielmehr darin begründet, daß in seinem Bewußtsein und in seinen Absichten wahrhaftig nichts Unredliches anzutreffen ist. Er wird darum die gegen ihn gerichtete Kritik als absolut ungerechtfertigt empfinden und entsprechend zurückweisen. Er kann sie nicht verstehen. In seinem Bewußtsein ist nichts Falsches. Heuchelei, wie sie Jesus den Pharisäern vorwirft, ist eine dem Menschen selbst überhaupt nicht bewußte Verstellung. Sie ist so sehr zur zweiten Natur geworden, daß sie gar nicht mehr als Verstellung empfunden werden kann, und eben darum ist sie auch so schwer heilbar. Der Heuchler zeichnet sich dadurch aus, daß er den Balken im eigenen Auge weder sieht noch fühlt. Wer die Krankheit nicht spürt, hat keinen Grund, nach dem Arzt zu fragen. Der Heuchler ist unablässig dabei, an sich zu arbeiten und zu bessern. Sein ihm selbst gerade nicht bewußter Grundfehler aber ist, daß ihn bei allen seinen Verbesserungen vor allem der Eindruck interessiert, den er auf andere macht. Selbstverständlich soll es ein guter Eindruck sein, und damit es auch ein wirklich guter Eindruck wird, übertüncht er alle faulen Stellen mit den glänzendsten Farben. Diese Haltung bestimmt dann auch sein Beten. Heuchlerisches Beten ist darum ein solches Beten, bei dem die äußere Gestalt alles ist. Es braucht den Zuschauer und den Zuhörer, es braucht den Bewunderer. Im tiefsten Grunde sucht er also nicht Gott, sondern das Lob von Seiten der Menschen. Wir brauchen uns nicht lange beim geschichtlichen Phänomen des Pharisäismus der Zeit Jesu aufzuhalten. Menschen, die auf der Straße demonstrativ beten, sind in unseren Städten äußerst selten anzutreffen. Heuchlerische Frömmigkeit aber ist nicht ausgestorben, im Gegenteil. Wir wollen im folgendem einige Kennzeichen heuchlerischen Betens anführen.

Da ist die verstellte Stimme: künstlich laut oder künstlich leise, ein andermal auch wieder künstlich sachlich-neutral, auf jeden Fall aber unpersönlich. Ganz schlimm wird es, wenn die Stimme von sakralem Pathos erfüllt ist, wenn der Betende seiner Stimme einen feierlichen Klang verleiht, oder wenn sie salbungsvoll wird oder kindlich naiv oder gar weinerlich. Wer wirklich in tiefer Not steckt – und ohne eine solche Voraussetzung besteht eigentlich kein Grund zum Beten – dessen Stimme kann nicht unecht klingen.

Sodann der verstellte Wortlaut: schöne Formulierungen, elegant und glatt, theologisch korrekt und gegen jedes mögliche Mißverständnis gut abgesichert, auf diese Weise allerdings auch völlig steril. Effekthascherei, gewollte Originalität der Wortwahl, gewollte Banalität, damit das Gebet nicht zu sakral wird. Bei einem anderen ahnt man die Anlehnung an bewunderte Vorbilder, oder man spürt die Abhängigkeit von einer bestimmten Sprachmode. Dabei sind das wenigstens zum Teil gar nicht einmal schlechte Dinge. Schlecht ist aber das Gewollte, das Gemachte, das, was nicht von innen herausbricht, sondern künstlich aufgesetzt ist.

Und dann die vielen Formeln, deren Künstlichkeit zum Himmel schreit und die Langmut Gottes arg strapaziert. Da ist das scheußliche, pseudo-kindliche „durfte" in so vielen Gebeten. Warum denn immer „durfte"? Sagen wir doch Gott schlicht und einfach, daß wir uns freuen, daß wir dies oder jenes erlebt haben, oder daß sich eine bestimmte Angelegenheit so und so gefügt hat, oder daß wir etwas geschafft haben. Auch im Gebet, wenn wir als Kind Gottes mit unserem himmlischen Vater sprechen, wollen wir uns so alt und erwachsen, wie wir tatsächlich sind, aufführen. Die Formel, daß wir etwas erleben durften, mögen wir uns für das hohe Alter aufsparen, da paßt sie wirklich hin.

Oder die vielen mit „Laß mich" beziehungsweise „Laß uns" eingeleiteten Bitten! Bestimmt sind sie nicht immer vom Übel. Aber manche Bitte, die dem „Laß mich" folgt, gibt der Ausdrucksweise etwas Unangenehmes. Noch heute, nach mehr als zwanzig Jahren, ist es mir eine üble Erinnerung, wenn ich an jene Gebetsgemeinschaft unter Studenten denke, in der eine junge Studentin die Bitte aussprach: „Laß uns doch mehr an unseren Tod denken!" Als ob das Problem darin läge, daß Gott nicht ohne weiteres bereit wäre, uns an den Tod denken zu lassen, wenn dies denn wirklich nötig ist. Er läßt uns auch gerne eifriger sein im Lesen der Bibel und anderen guten Werken, läßt uns auch gerne barmherzig sein und rücksichtsvoll und versöhnungsbereit. Die entscheidende Frage ist doch vielmehr, ob wir denn dies alles unsererseits ernstlich wollen. Da liegt der Hase im Pfeffer. Das ach so fromm klingende „Laß uns . . ." aber verkleistert diese Not und tut so, als käme es vor allem darauf an, daß Gott dies alles zuläßt.

In manchen „Laß uns"-Gebeten steckt noch ein anderer Wurm. Es sind Gebete, die eine versteckte Moral enthalten. Der Beter ist gar nicht unmittelbar Gott zugewandt, sondern hat die mitbetende Gemeinde vor Augen, der er dies und das klar machen möchte. Nun gibt es freilich manches Gute, was man einer Gemeinde klar machen kann. Aber warum muß dies Gute in ein Gebet eingekleidet sein? Der Heuchler sagt nicht frei heraus, was er will, sondern packt sein Anliegen in die unangreifbare Form eines Gebets. Und so wird in unseren Kirchen gebetet: „Herr, laß uns unseren ausländischen Mitbürgern mit mehr Liebe begegnen!" „Laß uns die Hungernden nicht vergessen!" „Gib uns, daß wir rücksichtsvoll mit den Schwachen umgehen!" Es sind „Gebete, die nach hinten losgehen", wie einmal jemand treffend bemerkt hat. Der Pfarrer steht am Altar, zum Altar gewandt, aber seine Worte zielen nach hinten, dahin, wo die Gemeinde steht oder kniet.

Es ist verheerend, wie dieser heuchlerische Ungeist heute selbst das liturgische Beten vergiftet. Am schlimmsten ist es bei den Sündenbekenntnissen. An die Stelle des schlichten „Unsere Schuld! unsere Schuld! unsere übergroße Schuld!" treten Reflexionen darüber, daß wir so oberflächlich sind, so lieblos, so unachtsam, die Zeit so wenig ausnutzen, die uns gegebenen Gaben so wenig einsetzen, und so fort. Auch diese Sätze stecken voller Moral; sie sind heimliche Predigten, und leider meistens sehr schlechte. Am schlimmsten aber ist die künstliche Demut, die aus so vielen Gebeten spricht. Wie gut wäre es um die Welt bestellt, wenn wir tatsächlich so demütig wären, wie unsere Gebete klingen! Aber da liegt das Grundübel: Es ist alles äußerlich. Alles Bemühen geht in die äußere Form, in die Formulierung. Da bricht nichts auf, da sprudelt nichts aus uns heraus. Solches Beten ist nicht authentisch. Es entbehrt der leidenschaftlichen Direktheit der Psalmen, die doch – das dürfen wir gerade hier nicht übersehen – vorformuliertes, liturgisches Gebetsgut sind. Von den Psalmen sagt Luther, daß wir da den Heiligen, die diese Psalmen gedichtet haben, ins Herz sehen können. Bei unserem Beten ist es oft gerade umgekehrt. Da kann keiner ins

Herz sehen, im Gegenteil, es soll ja auch keiner ins Herz sehen, und so wird das Fenster zum Herzen verbarrikadiert und verriegelt mit all dem sattsam bekannten Formelgut, so daß keiner mehr hineinsehen kann. Alle Authentizität, die das echte Beten auszeichnet, wird auf diese Weise erstickt. Gott hört Gebete in allen Sprachen, die auf dieser Erde gesprochen werden. Aber wenn mein Gebet Erhörung finden soll, dann muß ich in meiner Sprache sprechen.

Noch eine Eigentümlichkeit des heuchlerischen Gebets wäre zu nennen: es schweigt von dem, was eigentlich am meisten ins Gebet führen müßte. Der Schrei, der den Balken loswerden möchte, ist nicht zu hören, aber die Gnade Gottes wird in den höchsten Tönen gepriesen. Im nächsten Abschnitt werden wir uns diesem Problem noch besonders zuwenden. Jetzt wollen wir uns auf das einlassen, was Jesus gegen das Heuchlergebet setzt: „Wenn du aber betest, so gehe in dein Kämmerlein und schließ die Tür zu und bete zu deinem Vater, der im Verborgenen ist."

Das Gebet liebt die Verborgenheit. Es ist ja Ausdruck der Liebe und der Zuneigung zu Gott, ein durchaus intimes Gespräch. Wer möchte denn bei einer intimen Begegnung mit einem Menschen Zeugen haben? Und was wäre von einem Menschen zu halten, der aus der persönlichen Begegnung mit seinem Vater oder mit einem Freund oder mit seinem Ehepartner eine Demonstration in der Öffentlichkeit macht? Je mehr ich allein bin, desto intimer kann es zwischen meinem Gott und mir zugehen. Ich glaube nicht, daß Jesus mit diesen Worten alles öffentliche Beten, etwa im Gottesdienst der Synagoge, abschaffen wollte. Aber die Bewegungsrichtung ist klar. Sie führt an den Ort ohne Zeugen, in das stille Kämmerlein.

Wer diesen Weg geht, der wird bald die Erfahrung machen, daß Jesu Anweisung nur dann zum Ziel führt, wenn er sie zugleich äußerlich und innerlich vollzieht. Da folgt einer Jesu Wort und betet also im stillen Kämmerlein, und obwohl er doch nun wirklich allein ist, ist doch immer noch einer da, der als Bewunderer zugegen ist, und das ist der Beter selbst. Auch an der einsamsten Stelle, am abgelegensten Ort, wird es geschehen, daß, wenn schon kein anderer mehr mein Beten bewundert, ich selbst noch da bin und mich an meinem Beten erbaue:

an meiner Verborgenheit, an meinem Eifer, an meinen schönen Formulierungen, an meinen Tränen und an meinem Halleluja – und alles ist verdorben.

Ich muß den Weg ins stille Kämmerlein auch innerlich gehen. Ich muß allem, was öffentlich ist, den Rücken kehren, das Außen liegt hinter mir, das Innen vor mir. Eine schwere Kehrtwendung! Es ist gerade so, als wenn ich – um ein von Jesus selbst gebrauchtes Bild aufzunehmen – einen wundervoll behauenen Grabstein beiseite wuchte und mich dem zuwende, was darunter ist. Keiner kann den Weg nach innen gehen, ohne in erschreckender Weise seinem Elend zu begegnen. Das Wort „Innen" oder „Innerlichkeit" klingt so schön und so verheißungsvoll. Aber was es in Wirklichkeit zuerst bedeutet, das ist dies: Brüchigkeit, Unsicherheit, Angst, Verzagtheit, undurchdringliches Dunkel, Todesahnungen, Mißratenes, Mißlungenes, „Missetat und Mißgestalt". Wer mag diesen Anblick auszuhalten?

Wie manches Mal habe ich als Kind neugierig einen Stein aufgehoben, und wie schnell habe ich ihn wieder fallen gelassen, wenn unter dem Stein so allerhand Gewürm sich ringelte! Hier aber nimmt der Weg des Heuchlers seinen Anfang: Die Platte muß wieder drauf, und sie muß nach allen Regeln der Kunst geziert und geschmückt werden. Dazu dient dann auch sein Beten: es umgibt das Elend unseres Lebens mit dem Glanz und Gloria erbaulicher Formeln und entflieht auf diese Weise der harten und bitteren Wahrheit, daß wir so sind, wie wir sind.

Es ist schwer, auf diesen Glanz zu verzichten. Allerdings – der Weg nach innen hat eine Verheißung, die der Weg des Heuchlers nicht hat: Je tiefer das Elend, desto näher ist Gott. Gott verbirgt sich tief, aber gerade da, wo wir am wenigsten hinschauen mögen, ist er zu finden.

Aber was ist die glänzende Verkleidung des Elends gegen diese wunderbare Entdeckung, die uns die köstliche Perle, den prächtigen Schatz im Dreck finden läßt! Die meisten Menschen ziehen die glänzende Verkleidung vor. Es scheint so, als sei unsere ganze gegenwärtige Kultur ein einziger gigantischer Versuch, unser Elend mit Glanz und Größe zu schmücken: in Glas und Beton, in Technicolor und mit Stereoklang. So will es die Zeit. Kirche und Christenheit sind von dieser Tendenz zur

Veräußerlichung kräftig infiziert und verlieren so ihr Bestes. Sie besuchen lieber berauschende Großveranstaltungen, als daß sie den Weg nach innen antreten. Mitunter aber geschieht es doch, und meistens steht am Anfang der Kehrtwendung ein schwerer Zusammenbruch. Solch eine Erfahrung bietet jedenfalls eine Chance für eine Neuorientierung. Aber nur zu oft ist zu sehen, wie schon bald aus den Trümmern ein neues Prachtgebäude gezimmert wird, das die ungeliebte Wahrheit verbergen hilft.

6. Anders als die Heuchler (2)

Jesus sagte aber zu etlichen, die sich selbst vermaßen, daß sie fromm
wären, und verachteten die anderen, dies Gleichnis: Es gingen zwei
Menschen hinauf in den Tempel, zu beten, einer ein Pharisäer, der
andere ein Zöllner. Der Pharisäer stand und betete bei sich selbst: „Ich
danke dir, Gott, daß ich nicht bin wie die andern Leute, Räuber,
Ungerechte, Ehebrecher oder auch wie dieser Zöllner. Ich faste zwei-
mal in der Woche und gebe den Zehnten von allem, was ich einnehme."
Und der Zöllner stand von ferne, wollte auch seine Augen nicht aufhe-
ben zum Himmel, sondern schlug an seine Brust und sprach: „Gott, sei
mir Sünder gnädig!" Ich sage euch: Dieser ging hinab gerechtfertigt in
sein Haus, nicht jener. Denn wer sich selbst erhöht, der wird erniedrigt
werden; und wer sich selbst erniedrigt, der wird erhöht werden.

Lukas 18,9–14

Ein paar kleine Bemerkungen vorweg. Die Menschen, an die
sich Jesus wendet, sind vom Wert ihrer Frömmigkeit felsenfest
überzeugt. Luthers Übersetzung bringt in diese Charakterisie-
rung bereits eine Wertung: Es sind vermessene Leute, die sich in
ihrem Urteil über die eigene Frömmigkeit gründlich verschät-
zen. Wer von seiner eigenen Frömmigkeit überzeugt ist, der ist
schwerlich fromm, denn zur Frömmigkeit gehören Absichtslo-
sigkeit und Selbstvergessenheit. Ebenso kann ja auch nur der ein
guter Vater sein, der es selbst gar nicht weiß, und auch für den
Lehrer oder Politiker gilt, daß der von sich selbst Überzeugte
kein guter Erzieher und kein unbestechlicher Staatsmann sein
kann. Obendrein verachten die von Jesus angeredeten Menschen die anderen. Sicher wissen sie ganz genau, wer „die anderen" sind, und wo die Grenze zwischen Frommen und Nicht-
frommen verläuft. Es sind Menschen, die für ihr eigenes Elend
fühllos sind. – In Vers 11 sagt der Text der Lutherübersetzung,
daß der Pharisäer „bei sich selbst" betete. Das soll wohl nicht
heißen, daß er still bei sich selbst betete. Wahrscheinlich ist der
Ausdruck „bei sich selbst" zu dem Wort „stand" zu ziehen. „Bei

sich selbst stehen" ist in den semitischen Sprachen ein idiomatischer Ausdruck, der besagt: Er stellte sich in Positur. Er tritt also demonstrativ vor Gott und verrichtet so sein Gebet.

Um einen ersten Zugang zu Jesu Erzählung zu finden, ist es gut, sich eine einfache Frage zu stellen. Wir setzen den Fall, wir wollen die kleine Begebenheit im Tempel szenisch darstellen. Welche Rolle fällt dir leichter: die des Pharisäers oder die des Zöllners? Es ist gut, sich an dieser Stelle nicht zu lange den Kopf zu zerbrechen, sondern einfach darauf zu achten, welche Wahl zuerst in unsern Sinn kommt. In welcher Figur finden wir uns wieder? Ich kann ja nur das glaubwürdig auf die Bühne bringen, was ich in mir lebendig spüre und so aus eigenem inneren Erleben heraus darstellen kann.

Freilich, keiner von uns betet so wie der Pharisäer. Zwar kann man gelegentlich hören, daß sich das Gebet des Pharisäers im Munde mancher Christen zu dem Satz „Gott, ich danke dir, daß ich nicht bin wie jener Pharisäer" gewandelt hat, aber im ganzen gilt wohl erst einmal die Feststellung, daß Jesu Gleichnis jedenfalls dies bewirkt hat, daß Formulierungen dieser Art ausgestorben sind. Ob allerdings auch die Mentalität, aus der das Pharisäergebet kommt, überwunden ist? Wieviele Menschen trösten sich zumindest in ihren Gedanken und Gefühlen damit, daß es die anderen gibt, die eindeutig schlechter sind als wir und Dinge tun, die wir niemals tun würden – Gott sei Dank! Arme Sünder sind wir ja alle, aber unter den armen Sündern bin ich doch vielen deutlich überlegen!

So schlecht ist ein solches Dankgebet auch gar nicht. Es ist doch gut, wenn ein Mensch weiß, daß er seine Frömmigkeit nicht sich selbst verdankt, sondern Gott, und dementsprechend Gott die Ehre gibt. Es ist doch Gott, der aus ihm einen frommen Mann gemacht hat. So hat ja auch Luther sich nicht gescheut, bei Tisch zu sagen, daß Gott sei Dank seit den Tagen der Apostel kein so großer Doktor aufgestanden sei wie er, und als ihn seine Tischgenossen betreten ansahen, erklärte er ebenso ungeniert: „Ja, Gottes Gaben muß man hoch rühmen!" Also!

Was ist denn am Gebet des Pharisäers faul? Es gibt Gebete, die deswegen schlimm sind, weil sie das Wesentliche verschweigen. Ist der Mann denn wirklich so glücklich, daß er gar nichts mehr zu bitten hat, sondern lediglich Gott den Dank für ein offenbar geglücktes Leben abstatten muß? Ist da keine Not, die ihm weh tut, so daß er sie herausschreien müßte? Doch, da ist Not, und zwar sehr viel.

Es ist ja schon ein Elend, wenn das Glücksgefühl eines Menschen davon abhängig ist, daß es andere gibt, die schlechter sind als er selbst. Es ist schlimm, wenn ich das Ja zu mir selbst (das sich in einem solchen Dank gegen Gott ausspricht) nur finde, indem ich zu anderen ein scharfes Nein spreche. Es ist überhaupt furchtbar, wenn ich mich ständig mit anderen vergleichen muß und Lebensfreude und Humor verliere, wenn ich nicht mit an der Spitze bin. Immer besser sein müssen als „die anderen", das ist eine schwere Last. Wie mancher schimpft bei jeder Gelegenheit über die Bosheit der Bösen, und der sensible Zuhörer spürt, daß der Beschwerdeführer zutiefst davon lebt, daß die Bösen so böse sind – und nicht er.

Ein Pharisäer muß immer mehr sein als das, was er ist. Ein solches Leben ist bitter. Es bringt keine Freude und keinen Frieden. Es gibt hier auch kein wirkliches Ende. Das, was sein muß, ist für einen solchen Menschen allemal stärker als das, was ist. Eine solche Frömmigkeit kostet Kraft, wo sie doch eigentlich Kräfte geben sollte!

Schließlich: Es ist ein Leben, an dem Gott keine Freude hat, ein Leben, zu dem Gott nur immer wieder sagen kann: Mein Freund, das, was du da machst, habe ich nicht gewollt! Und noch einmal müssen wir feststellen: ein Leben ohne die Erfahrung, daß Gott selbst sich daran freut, ist eine schwere Last.

Aber von alledem schweigt des Pharisäers Gebet. In seinem Leben muß ja alles in bester Ordnung sein. Da ist kein Raum und kein Recht auf den Notschrei zu Gott. Und dieses Pharisäergebet ist nicht ausgestorben. Da dankt einer in den höchsten Tönen für allen Segen, den Gott auf sein Leben gelegt hat, und schweigt von der Not, die doch eigentlich aus ihm herausschreit und zum Gebet werden möchte, das zu dem dringt, der allein imstande wäre, diese Not zu wenden. Ein anderer preist Gott in eindrucksvollen Tönen für seine Bekehrung, und wer ein bißchen hinter die Kulissen schaut, sieht, wie der ob seiner Bekehrung jubelnde Mensch gar nicht merkt, daß er eine andere Umkehr vor sich hat, der er sich aber dauernd verweigert. Und wieder ein anderer spricht von wunderbaren Gebetserhörungen, obwohl die wesentlichen Gebete, die er eigentlich beten müßte, noch nicht erhört sind, weil er sie noch nicht vor Gott gebracht hat. Zwischen dem, was der Pharisäer betet, und dem, was er ist, klafft ein gewaltiger Abgrund.

Und der Zöllner? Gerade dieser Abgrund fehlt. Sein Gebet ist einfach, unmittelbarer Ausdruck seiner Not: „Gott, sei mir Sünder gnädig!" Dieses Gebet verschweigt nichts, es ist wirklich authentisch. Und dieses Gebet gefällt Gott wohl, es ist ihm recht. Von dem Zöllner sagt Jesus: Er ging hinab gerechtfertigt in sein Haus, nicht jener. Zu seinem Gebet sagt Gott Ja. Und alle fromme Liebesmühe des Pharisäers erweist sich als vergeblich. Nicht einmal dies, woran doch alles liegt, wird ihm zuteil. An seinem Gebet hat Gott keine Freude.

So mühen sich zu allen Zeiten die Menschen um die rechte, Gott wohlgefällige Frömmigkeit und um das Gott wohlgefällige Gebet und erreichen es doch nicht, weil sie nichts von dem wissen, worauf Gott eigentlich wartet: Daß ein Mensch in dem, was er betet und wie er betet, er selbst ist, daß sein Gebet authentisch ist. Das ist gerade auch beim Beten das Eine, das not ist: daß unser Bitten und Danken den Echtheitsstempel trägt, den nur das bekommt, was original aus einem Menschen hervorbricht und unmittelbarster Ausdruck seiner tiefsten Not ist. Lernen wir also, uns gerade im Gebet zu allem zu bekennen, was wir sind. In dieser Übung wächst unser Beten und unser Leben. Und werden wir fühlsam für die Nöte in unserem Leben, die wir normalerweise hinter Besitz und Leistung, hinter Wissen und Wohlanständigkeit verstecken. Unser Gebet wird gewinnen, wenn wir diese Schwierigkeiten freimütig vor Gott bringen.

7. Anders als die Heiden (1)

Und wenn ihr betet, sollt ihr nicht viel plappern wie die Heiden; denn sie meinen, sie werden erhöret, wenn sie viel Worte machen. Darum sollt ihr ihnen nicht gleichen. Euer Vater weiß, was ihr bedürfet, ehe ihr ihn bittet.

Matthäus 6,7–8

Den Worten in der Bergpredigt, mit denen Jesus das Beten seiner Jünger vom unauthentischen Gebet des Heuchlers abrückt, folgt unmittelbar die Mahnung, es auch nicht so zu machen wie die Heiden. Christliches Beten ist wesenhaft anders als heidnisches Beten.

Das Wort „Heide" klingt fremd in unseren Ohren, vielleicht sogar unangenehm. Welchem Menschen würden wir es beilegen? Wem würden wir es auf den Kopf zusagen: Du bist ein Heide! Es ist tatsächlich ein sehr belastetes Wort, und wir können schon verstehen, daß heute manche Christen dazu neigen, es überhaupt zu vermeiden. Heiden – wir assoziieren „Heidenmission", aber auch „Heidenangst" oder den eigentümlichen Superlativ unserer Sprache, die uns die Möglichkeit gibt, jemanden als einen „alten Heiden" zu bezeichnen. Woher kommt der unangenehme Gefühlston, der sich bei diesem Wort so oft einstellt? Nun, der Begriff ist belastet durch die Hypothek fataler Überlegenheitsgefühle, die Christen früherer (aber keineswegs vergangener) Zeiten gegenüber denen, die ihnen als Heiden galten und es meist wohl auch waren, entwickelt haben. Das Wort „Heide" riecht nach Hochmut und Selbstgefälligkeit. Die „armen" Heiden – so hieß es oft, und leise mitgedacht war dabei der christliche Besitzerstolz, der sich selbst als reich ansah und in dem fragwürdigen Bewußtsein lebte, die Wahrheit für sich gepachtet zu haben. Meistens verband sich diese christliche Überheblichkeit mit der stolzen Selbstgefälligkeit und Arroganz gegenüber den nichteuropäischen Völkern, die das Bewußtsein in unserem Kulturkreis jahrhundertelang bestimmte. Wir fangen langsam an, uns dieser Einstellungen zu schämen.

Es kommt noch ein zweiter Gesichtspunkt dazu: für viele Christen ist die Abgrenzung von Christentum und Heidentum eine klare, ausgemachte Sache. Der Grenzverlauf ist eindeutig, und es ist auch klar, daß diesseits der Grenze das Licht leuchtet und jenseits die Finsternis regiert. Da ist wirklich ein Unterschied wie Tag und Nacht. Natürlich bestimmt diese Sicht dann auch die menschliche Einstellung: auf der Seite, auf der ich stehe, habe ich meine Freunde, denen ich mich anvertrauen kann. Auf der anderen Seite stehen die Feinde, bei denen ich alles Böse zu erwarten habe. Es ist schlimm, daß das Gute, das eben doch mitunter bei Heiden anzutreffen war und das auch Christen nicht einfach leugnen konnten, schon frühzeitig als „splendida vitia", als „schön scheinende Laster" diskreditiert wurde und daß immerhin auch bedeutende Kirchenväter es für nötig hielten, solche Verunglimpfungen zu fördern. Dabei hätte – wie wir gleich noch sehen werden – gerade der sehr differenzierende Wortgebrauch im Neuen Testament zur Warnung vor so unsachgemäßer Schwarz-weiß-Malerei Anlaß geben müssen.

Zunächst aber noch etwas zu dem seltsamen Wort „Heiden". In der deutschen Sprache ist es eine Lehnübersetzung des lateinischen Wortes „paganus". Es bezeichnet eigentlich die Landbevölkerung, und zwar mit dem Nebensinn von „Provinzler" oder „Hinterwäldler". Zur Bezeichnung für die Nichtchristen wurde es in einer Zeit, als der christliche Glaube die Städte schon weitgehend erobert hatte, während auf dem Lande noch viel Heidentum anzutreffen war. Im biblischen Urtext heißt das entsprechende Wort soviel wie „die (anderen) Völker". So sind die gojím im Alten Testament alle diejenigen, die völkisch und religiös von Israel als dem Volke Gottes geschieden sind. Unserer Sprache fehlt eigentlich ein Wort, das in ähnlich komplexer Weise völkische und religiöse Andersartigkeit in einen einzigen Begriff faßt. Ähnlich steht es dann mit dem griechischen Wort ethne im Neuen Testament, das wörtlich übersetzt ja einfach „die Völker" bedeutet. Aber in der Ausdrucksweise des Neuen Testaments ist es eben kein rein „ethnischer" Begriff, sondern eine religiöse Kennzeichnung. Das Gegenüber zu den „Völkern" ist nun aber nicht mehr nur das Volk Israel, sondern die aus Israel erwachsene Christenheit, das neue Gottesvolk. Damit ist dann eigentlich auch die Grenze klar: Es ist die Grenze zwischen Christen und Nichtchristen, und Glaube und Taufe sind die Markierungen des Grenzübertrittes, durch den ein Heide zum Christen wird. Die Grenze ist scharf, und doch ist sie nicht immer so eindeutig, wie mancher um der Klarheit willen gerne möchte. Da stören schon so manche biblischen Geschichten, in denen Heiden in geradezu vorbildlicher Weise Jesus Glauben schenken: die Weisen aus dem Morgenland, der Hauptmann von Kapernaum, die syrophönizische Frau, der römische Hauptmann unter dem Kreuz. Machen wir aus diesen Erzählungen nicht einfach Bekehrungsgeschichten, in denen jemand nach einem bestimmten Schema zum Glauben kommt. Wir würden diesen Geschichten ihre eigentliche Pointe stehlen, und diese besteht nun einmal nicht darin, daß ein Heide Christ wird, sondern darin, daß Jesus bei einem Heiden findet, was er im Volk Gottes vergeblich gesucht hat. „Wahrlich, ich sage euch: Solchen Glauben habe ich in Israel bei keinem gefunden! Aber ich sage euch: Viele werden kommen vom Osten und vom Westen und mit Abraham und Isaak und Jakob im Himmelreich sitzen; aber die Kinder des Reichs werden ausgestoßen in die Finsternis hinaus; da wird sein Heulen und Zähneklappen." So sagt Jesus im Blick auf den heidnischen Centurio aus der Garnison von Kapernaum (Matthäus 8,10–12). Oder denken wir an die Erzählungen, in denen ein Samaritaner tut, was die Glieder des Volkes Gottes verweigern (Lukas 10,29–37; 17,11–19)! Da verwischt sich die Grenze in einer beklemmenden Weise.

Einen kräftigen Schritt in die gleiche Richtung tut Jesus auch mit dem, was er über das heidnische Beten sagt. Wie soll man die Gebetspraxis heidnischer Religion charakterisieren? Die Konfirmandenantwort lautet wohl: Heiden beten zu toten Götzen aus Holz und Stein und Metall. Sie rufen Allah oder Buddha an. Wir Christen aber beten zu dem wahren, lebendigen Gott! Jesus stellt die ganze Frage auf eine neue Ebene, indem er erklärt: Heiden machen viele Worte, oder, umgekehrt ausgedrückt: Viele Worte machen ist heidnisch! Nun kann aber niemand leugnen, daß es auch Christen gibt, die viele, ja viel zu viele Worte machen, auch im Gebet. Also: da ist Heidnisches im christlichen Beten, und die Grenze zwischen Christentum und

Heidentum verläuft nun mitten durch die Christenheit! Und das einfach dadurch, daß Jesus den Begriff „heidnisch" in bestimmter Weise qualifiziert.

Es ist dasselbe Vorgehen, das wir auch am Schluß des gleichen Bergpredigtkapitels beobachten können. Da geißelt Jesus die besorgten Fragen nach Lebensunterhalt und Kleidung und erklärt die Sorge um Nahrung und Kleidung kurzerhand für heidnisch. „Nach solchem allem trachten die Heiden" (Matthäus 6,31–32). Sorge ist *das* Charakteristikum des Heidentums. An der Sorge erkennt man den Heiden – und nicht an seinen religiösen Vorstellungen! Und wer wollte bestreiten, daß es sorgenvolle Christen gibt? Es gibt also, so verrückt es klingt, heidnische Christen, und die Grenze zwischen christlich und heidnisch verläuft nun an einer Stelle, wo sie keiner vermutet hat. Sie läuft mitten durch die Kirche und vielleicht sogar durch so manches Christenherz.

Wir haben vorhin die Frage zurückgelassen, ob es nicht tatsächlich besser wäre, ohne den unglücklichen und durch die Geschichte so übel belasteten Begriff des Heiden auszukommen. Die Bibel hätten wir dann freilich gegen uns. Sie spricht in allen ihren Teilen sehr klar über das Heidentum als Gegenüber zum Christentum. Oder müssen wir hier etwa über die Bibel hinauswachsen? Aber können wir das überhaupt? Ist doch der christliche Glaube gerade in der Kampfansage gegen dieses Gegenüber entstanden, so daß er nun auch nur in diesem Gegenüber gedacht und gelebt werden kann. Wenn es keine Heiden mehr gibt, dann gibt es auch keine Christen mehr. Der christliche Glaube kann seine Identität nur in der Auseinandersetzung mit dem, was nicht christlich und das heißt eben: heidnisch ist, gewinnen.

Aber die Zeit ist gekommen, wo es unaufschiebbar dringlich ist, daß wir mit dem Wortgebrauch Ernst machen, den wir bei Jesus finden und der unser Wort über das Beten der Jünger Jesu bestimmt. Die Konsequenz ist klar: der Kampf gegen das Heidentum in unserer eigenen Mitte und in unserem eigenen Herzen ist das Gebot der Stunde. Hier kann es keinen Kompromiß geben, und von einer „Ökumene der Religionen" kann keine Rede mehr sein, wenn wir uns der Sichtweise Jesu anschließen. Auch ein Verzicht auf den Gegenbegriff kommt nicht in Frage:

er ist gleichbedeutend mit einem Verzicht auf die eigene Identität. Wir wollen also, den Worten Jesu folgend, im Heidentum das sehen, was es eigentlich ist: Existenzsorge und Daseinsangst, und in diesem Sinne werden wir auch den Kampf gegen das heidnische Beten in unseren eigenen Reihen mit aller Konsequenz führen müssen.

Die Heiden, die Jesus vor Augen hat, sind keine religionslosen Menschen, wie sie uns in den Industrienationen in zunehmender Zahl begegnen. Sie sind immerhin in ihrer heidnischen Weise fromm, und darum beten sie auch, und sie beten nicht gerade wenig. Für Jesus ist es sogar das Wesensmerkmal heidnischen Betens, daß sie viele Worte machen. Warum? Weil sie meinen, daß mit der Zahl der Worte die Chancen, daß ihr Gebet erhört wird, steigen.

Alltägliche Erfahrung kann uns dies Phänomen verständlich machen. Hin und wieder begegnen uns Menschen, die sich nicht kurz fassen können. Gespräche mit solchen Zeitgenossen sind meistens quälend. Achten wir einmal darauf, was solche Menschen sagen, und vor allem auch, wie sie es sagen. Was macht ihre Beiträge so lang? Zunächst wird uns wohl eine gewisse Umständlichkeit auffallen. Eine Einleitung, die zu lang gerät; breit ausgeführte Nebengedanken, in denen der Zusammenhang mit dem eigentlichen Anliegen oft ganz hinter dem Horizont verschwindet; ermüdende Erklärungen und Begründungen; zu jedem Gedanken noch allerlei Erwägungen, wie man das Gesagte nicht mißverstehen dürfe. Die Stimme des Redenden klingt dabei oft ziemlich tonlos. Manchmal rauscht die Fülle der Worte wie ein Sturzbach daher, Haltung und Gebärde sind angespannt. Unser Gesprächspartner hat für die Zuhörqualen, die er uns bereitet, kein Gespür. Er ist offensichtlich nicht in der Lage, Wesentliches und Unwesentliches voneinander zu unterscheiden. Dabei drückt sich in dieser Unfähigkeit schwerlich ein Mangel an Intelligenz aus; es sind ja auch eher Akademiker, die sich so äußern, als ungebildete Menschen. Es fehlt vielmehr die Kraft, beim Wesentlichen zu bleiben. Dem Vielredner ist alles unterschiedslos wesentlich und dadurch verliert er das, was wirklich wesentlich ist, aus dem Auge. Dazu spüren wir eine heimliche Angst, und zwar in doppelter Gestalt: zum einen das ängstliche, oft geradezu zwanghafte Bestreben, alles ganz korrekt zu sagen. Das Verlangen nach Genauigkeit läßt die Zahl der Worte wachsen. Zum anderen ist da die neurotische Angst, nicht richtig verstanden zu werden und das, was die Rede erreichen soll, zu verfehlen. Vor allem diese Angst läßt die Rede schier endlos lang werden.

Auch Gebete werden auf diese Weise lang. Wer sich der gütigen Bereitschaft Gottes, die das, was einer braucht, freundlich gewähren will, nicht gewiß ist, der wird die Worte häufen. Feierliche und umständliche Anreden sollen Gott freundlich stimmen. Umfangreiche, oftmals auch sehr dramatische Schilderungen der Not sollen die Gottheit erweichen. Die Fülle der Worte soll deutlich machen, wie wichtig dem Beter sein Anliegen ist. Es ist so, als wolle der Beter seinem Gott so die Ernsthaftigkeit seines Betens beweisen. Die Religionsgeschichte ist reich an Beispielen für solches Beten.

Jesus erklärt solche Praxis für heidnisch und für überflüssig. Gott weiß, was ihr braucht, und er weiß es schon, bevor ihr ihm eure Not im Gebet vorgetragen habt. Der Sinn des Betens kann also nicht darin bestehen, einem schlecht informierten Gott auf diesem Wege die nötigen Informationen zukommen zu lassen. Gott weiß schon längst, was fehlt. Schon gar nicht kann es darum gehen, Gott zu erweichen. „Gott weiß" – das meint ja nicht ein totes Wissen, das einer zwar hat und bleibt doch selbst in teilnahmsloser Distanz. Bei Gott gibt es kein teilnahmsloses Wissen. Sein Wissen ist Lieben, so wie er selbst die Liebe ist. Also auch daraus läßt sich die Notwendigkeit des Gebets nicht ableiten.

Warum dann aber überhaupt noch beten, wenn Gott alles immer schon weiß? Nun, einen Sinn hat unser Beten doch, aber er liegt auf einer ganz anderen Ebene. Beten ist allemal das Eingeständnis der eigenen Hilflosigkeit und der erklärte Verzicht darauf, die Hilfe irgendwo anders zu suchen als eben bei Gott. Dieses Bekenntnis und Eingeständnis gibt Gott die Ehre und macht den Menschen menschlich, und darum ist es so notwendig. Ein sehr altes geistliches Volkslied sagt mit schlichten Worten, worum es geht:

> Wir heben an, loben den viellieben Gott,
> wir rufen ihn an, es tut uns so not.

Der Kampf gegen die vielen Worte ist allemal ein Ringen um die Kraft und um das Vertrauen. An der Zahl der Worte, die ich brauche, wird mein innerer Zustand offenbar. Die Angst, mißverstanden zu werden, ist manchmal größer und manchmal geringer. In unseren Gesprächen und auch in unserem Reden zu Gott zeigt sich, wo wir gerade stehen und wohin wir uns entwickeln.

Es gibt viel heimliches Heidentum im Christentum unserer Tage. Vieles, was wir für Glauben halten, ist religiös verbrämte Daseinsangst. Daß auch die Religion durchsetzt ist von der Daseinsangst, das macht für Jesus das Charakteristische des Heidentums aus. Es ist gut, wenn wir an dieser Stelle feinfühlig werden und darauf achten, daß sich die Angst nicht in unser Gebet hineinverlängert. Heidnisches Beten gleicht einem Pfeilschützen ohne Kraft und Vertrauen. Er legt sich eine Unmenge von Pfeilen zurecht und schießt sie auf gut Glück in die Richtung, wo er das Ziel vermutet. Vielleicht wird ja wenigstens einer treffen, vielleicht aber auch keiner. Christliches Beten braucht nur einen Pfeil. Es sammelt sich in der Konzentration auf das Eine, was wirklich not ist, und zielt mit diesem einen Pfeil unmittelbar auf Gottes Herz, und trifft es. Es ist kein Zufall, daß Jesu Argumentation unmittelbar zum Vaterunser führt: „Darum sollt ihr also beten" (Vers 9). Und dann folgt das Vaterunser, beginnend mit einer schlichten Anrede, die Gott mit dem einen Titel „Vater" anruft und damit alles sagt und alles trifft. Die folgenden sieben Bitten aber zeigen die gleiche Strenge des von Kraft und Vertrauen erfüllten Beters. So ist das Vaterunser eine gute Gebetsschule, an der unser Beten reifen kann, so daß es immer wieder aus zweckloser Geschwätzigkeit herausgerissen wird.

8. Anders als die Heiden (2)

Da trat Elia zu allem Volk und sprach: „Wie lange hinket ihr auf beiden Seiten? Ist der HERR Gott, so wandelt ihm nach, ist's aber Baal, so wandelt ihm nach." Und das Volk antwortete ihm nichts. Da sprach Elia zum Volk: „Ich bin allein übriggeblieben als Prophet des HERRN, aber die Propheten Baals sind vierhundertfünfzig Mann. So gebt uns nun zwei junge Stiere und laßt sie wählen *einen* Stier und ihn zerstücken und aufs Holz legen, aber kein Feuer daran legen; dann will ich den anderen Stier nehmen und aufs Holz legen und auch kein Feuer daran legen. Und ruft ihr den Namen eures Gottes an, aber ich will den Namen des HERRN anrufen. Welcher Gott nun mit Feuer antworten wird, der ist wahrhaftig Gott." Und das ganze Volk antwortete und sprach: „Das ist recht." Und Elia sprach zu den Propheten Baals: Wählt ihr einen Stier und richtet zuerst zu, denn ihr seid viele, und ruft den Namen eures Gottes an, aber legt kein Feuer daran." Und sie nahmen den Stier, den man ihnen gab, und richteten zu und riefen den Namen Baals an vom Morgen bis zum Mittag und sprachen: „Baal, erhöre uns!" Aber es war da keine Stimme noch Antwort. Und sie hinkten um den Altar, den sie gemacht hatten. Als es nun Mittag wurde, verspottete sie Elia und sprach: „Ruft laut! Denn er ist ja ein Gott; er ist in Gedanken oder hat zu schaffen oder ist über Land oder schläft vielleicht, daß er aufwache." Und sie riefen laut und ritzten sich mit Messern und Spießen nach ihrer Weise, bis ihr Blut herabfloß. Als aber der Mittag vergangen war, waren sie in Verzückung bis zu der Zeit, zu der man das Speisopfer darbringt; aber da war keine Stimme noch Antwort noch einer, der aufmerkte.

Da sprach Elia zu allem Volk: „Kommt her zu mir!" Und als alles Volk zu ihm trat, baute er den Altar des HERRN wieder auf, der zerbrochen war, und nahm zwölf Steine nach der Zahl der Stämme der Söhne Jakobs – zu dem das Wort des HERRN ergangen war: „Du sollst Israel heißen" – und baute von den Steinen einen Altar im Namen des HERRN und machte um den Altar her einen Graben, so breit wie für zwei Kornmaß Aussaat, und richtete das Holz zu und zerstückte den Stier und legte ihn aufs Holz. Und Elia sprach: „Holt vier Eimer voll Wasser und gießt es auf das Brandopfer und aufs Holz!" Und er sprach: „Tut's noch einmal!" Und sie taten's noch einmal. Und er sprach:

„Tut's zum drittenmal!" Und sie taten's zum drittenmal. Und das Wasser lief um den Altar her, und der Graben wurde auch voll Wasser. Und als es Zeit war, das Speisopfer zu opfern, trat der Prophet Elia herzu und sprach: „HERR, Gott Abrahams und Isaaks und Israels, laß heute kundwerden, daß du Gott in Israel bist und ich dein Knecht und daß ich das alles nach deinem Wort getan habe. Erhöre mich, HERR, erhöre mich, damit dies Volk erkennt, daß du, HERR, Gott bist und ihr Herz wieder zu dir kehrst!" Da fiel das Feuer des HERRN herab und fraß Brandopfer, Holz, Steine und Erde und leckte das Wasser auf im Graben. Als das alles Volk sah, fielen sie auf ihr Angesicht und sprachen: „Der HERR ist Gott! der HERR ist Gott!" Elia aber sprach zu ihnen: „Greift die Propheten Baals, daß keiner von ihnen entrinne!" Und sie ergriffen sie. Und Elia führte sie hinab an den Bach Kison und tötete sie daselbst.   1. Könige 18,21–40

Heiden brauchen viele Worte. Sie beten Stunde um Stunde, vom Morgen bis zum Mittag und vom Mittag bis zur Stunde des Abendopfers. Sie beten unter Einsatz aller ihrer Kraft und unterstützen ihre Worte durch eine sich selbst verstümmelnde Askese. Sie geraten über ihrem Bemühen in Ekstase, überschreiten also den Bereich gewöhnlicher Wahrnehmung und gewöhnlichen, kontrollierten Verhaltens. Und das Ergebnis? „Aber da war keine Stimme noch Antwort noch einer, der aufmerkte." Es ist eine ganze Armee von Betern, die sich so vergeblich mühen. Ihnen steht der eine Elia als einziger Prophet des wahren Gottes gegenüber. Sein Gebet ist kurz und innig. Es ist wirklich der eine, wohlgezielt abgeschossene Pfeil, der das Herz des lebendigen Gottes trifft, so daß das Gebet an sein Ziel kommt: Gott antwortet.

Der Kampf, der hier ausgefochten wird, ist wirklich sonderbar. Nicht Körperkraft und nicht Intelligenzstärke messen sich miteinander, sondern geistliche Kräfte. Wer von uns würde sich auf einen solchen Wettstreit einlassen? In manchen der jungen Kirchen, die aus christlicher Missionsarbeit in den letzten Jahrzehnten hervorgegangen sind, gibt es von Zeit zu Zeit die sehr beliebten competitions, in denen Kirchenchöre miteinander darum streiten, wer am besten singen kann. Schon diese competitions werden gelegentlich angefochten. Das Singen christlicher Lieder ist doch ein geistliches Geschehen. Wie soll es in geistlichen Dingen einen regelrechten Wettbewerb geben? Was würden wir zu einem Predigerwettbewerb sagen? Und nun gar ein Wettkampf um die größere Gebetskraft!

Allerdings nicht persönliches Können steht dabei zur Debatte. Auf dem Spiel steht nicht weniger als die Frage nach dem lebendigen Gott, die Frage nach dem rechten Glauben, nach der wahren Religion. Der Streit darum aber wird – und das ist sehr bemerkenswert – nicht in Gestalt einer theologischen Debatte ausgetragen. Hier zählen nicht die besseren Beweise oder die treffenderen theologischen Argumente, sondern die Fähigkeit, erhörlich zu beten. Dahinter steht eine grundlegende Wahrheit: Der Kampf um die wahre Religion ist im tiefsten Grunde keine theologische Auseinandersetzung, sondern ein Streit um die rechte Frömmigkeit, um die Frage, auf wessen Seite das kraftvolle Gebet ist. Auch heute geht es im Streit der Religionen letzten Endes um diese Frage. Mitunter ist dieser Streit heute in einem oft allzu billigen und verwaschenen Programm einer „Ökumene der Religionen" versandet. Wo er aber noch ernsthaft ausgetragen wird, da ist er nur zu oft degeneriert zu einem abstrakten Streitgespräch, das sehr bald einen rechthaberischen Charakter bekommt. Es führt zu keiner echten Entscheidung und läßt die Fronten rasch gleichsam im Stellungskrieg erstarren. Die theologischen Positionen werden immer besser ausgebaut, Gräben und Bunker entstehen, die immer sorgfältiger gegen jeden Einbruch geschützt werden. Alles ist zur Verteidigung bereit, aber es bewegt sich nichts. In unserer Geschichte aber kommt alles in Bewegung. Im Gebet fällt die Entscheidung über wahre und falsche Religion.

Es ist nicht ein beliebiges Gebet, das hier gebetet wird. Es geht darum, welcher Gott „mit Feuer antworten wird". Der ist der wahrhaftige Gott. Mit Feuer antworten, das kann nur der Gott, der selbst Feuer ist: glühende, wärmende, belebende und verzehrende Flamme.

Christen beten zu dem Gott, der Feuer ist (Hebräer 12,29). Heidnisches Beten weiß nichts von dieser Glut. Aber stimmt diese Gegenüberstellung? Stimmt sie wirklich – nicht theoretisch-theologisch, sondern als Wirklichkeit in unserem Gebetsleben? Ist unser Gott nicht oft weiter nichts als ein Gottesgedanke, ein Gottesbegriff, eine Gottesvorstellung? Da spielt es keine große Rolle, wie korrekt formuliert mein Gottesbegriff ist. Ich kann mit biblischen Ausdrücken operieren und von Gott als „Vater" oder als „Herr", oder als „König" sprechen. Ich kann modernere Umschreibungen wählen und Gott als „Wahrheit", oder als „absolutes Sein", als „letzte Wirklichkeit" oder als „Urgrund" oder gar als das „Woher unseres schlechthinigen Abhängigkeitsgefühls" bezeichnen. Begriff ist Begriff, und Begriffe sind kalt und tot. Zu einem Begriff kann ich nicht beten. Ein Begriff ist nicht das alles verzehrende Feuer, in dem sich der wahre Gott erweist. Unser Beten ist wohl gerade deswegen so kraftlos, weil unser Gottesglaube so durch und durch intellektualisiert ist. Wir wissen kaum etwas vom Feuer. Was unter uns zählt, das ist die kühle Korrektheit des Gottbegreifenwollens. Ein begriffener Gott aber ist kein Gott, wie Gerhard Tersteegen immer wieder eingeschärft hat. So gleicht unser Beten dem der Baalspriester: viele Worte, viele Opfer, „aber da war keine Stimme noch Antwort noch einer, der aufmerkte".

Im Hintergrund des Kampfes, den Elia mit den Baalspriestern ausfocht, stand eine praktische Frage von ungeheurer Lebensbedeutung für das ganze Volk: Wem verdankt die Erde ihre Fruchtbarkeit? Wer segnet Mensch und Tier, so daß sie fruchtbar sind und sich mehren? Wer, vor allem, gibt zur rechten Zeit den Regen für das ausgedörrte Land? Der alte Glaube Israels, für den Elia eintritt, sah in Jahwe, dem Gott der Väter, den Herrn und Geber von Regen und Fruchtbarkeit. Die heidnischen Völker Kanaans sagten: Baal gibt uns den Regen.

In dieser Form ist die Frage zunächst in unseren Ländern überholt. Aber eine andere, nicht weniger aktuelle Frage steht heute für sehr viele Menschen zur Beantwortung an. Welcher Glaube gibt dem streßgeplagten Menschen der Industrienationen Frieden und Ruhe? Welche Religion erlöst von Existenzangst und Lebensfurcht? Viele Menschen bei uns haben es aufgegeben, die Antwort auf solche Fragen im christlichen Glauben zu suchen. Mancher hat hier gesucht, aber nicht gefunden, was er suchte, und so hat er sich vom christlichen Glauben abgewandt, hin zu den religiösen Strömungen, die heute in verschiedenster Gestalt aus Asien zu uns kommen. Hier verläuft heute die Frontlinie im Kampf zwischen dem Christentum und den asiatischen Religionen. Ist die Schlacht womöglich schon verloren?

Sie ist es bestimmt, wenn wir meinten, es käme darauf an, daß wir beispielsweise den Buddhismus theoretisch widerlegen. Die verschiedenen Versuche, die Meditationsfrömmigkeit, die der Buddhismus aus jahrhundertelanger Überlieferung und Erfahrung anbietet, einfach damit abzutun, daß man sie als Methodenaberglauben oder gar als okkulte Machenschaften deklariert, haben keine Verheißung. Die Schlacht ist auch verloren, wenn den Abgesandten fernöstlicher Religiosität ein gehetzter und im seelenlosen Aktivismus innerlich völlig ausgezehrter Vertreter des Christentums gegenübersteht, der zwar viel von Frieden mit Gott redet, aber keinem einzigen Menschen den Weg zu wirklichem Frieden zu zeigen weiß. Die Schlacht ist schließlich auch da verloren, wo christliche Predigt die biblische Botschaft an den Existenzfragen der Zeitgenossen vorbei verkündigt. Die alles bestimmende Existenzfrage unserer Tage aber ist nun einmal für viele Menschen das Verlangen nach Erlösung von innerer Unruhe und Nervosität, von dem ständigen Gefühl des Überfordertseins, vom Streß und allen seinen Folgen bis hin zu schweren somatischen Störungen.

In diesem Verlangen begegnet uns die religiöse Frage heute vornehmlich. Man mag daran kritisieren, daß dieser Sehnsucht sehr viel ichhaftes Wollen anhaftet. Natürlich muß die Fragestellung selbst ausreifen. Aber wir können nicht an ihr vorbei. Der christliche Glaube verheißt denen, die ihn annehmen, Frieden. Das Reich Gottes ist Gerechtigkeit und Friede (Römer 14,17). Zu den Früchten des Geistes gehört neben Liebe, Freude und anderen Dingen auch der Friede (Galater 5,22). Die aufgehobenen Segenshände des Priesters legen am Schluß eines jeden Gottesdienstes den Frieden Gottes auf die Gemeinde (4. Mose 6,26). Jesus verheißt denen, die zu ihm kommen, Ruhe und Erquickung (Matthäus 11,28–30).

Sind das unter uns nur leere Worte? Das Gebet um Frieden und Ruhe ist dem christlichen Glauben wesenseigen. Aber wo wird es kraftvoll und erhörlich gebetet? Und wo werden dem geplagten Zeitgenossen aus der Kraft erhörten Gebetes heraus Wege gewiesen, die er gehen kann?

Der Wettstreit zwischen Christentum und Buddhismus ist ein Kampf um die Frage, wo das Gebet um den „Frieden, der höher ist als alle Vernunft" (Philipper 4,9) erhörlich gebetet wird. Im

Kampf mit den Jüngern der „Transzendentalen Meditation", die besonders auf viele junge Menschen so anziehend wirkt, geht es um diese Frage. Wichtiger als alle gut begründeten Warnungen vor der „Transzendentalen Meditation" und ihren zum Teil tatsächlich sehr fragwürdigen Werbepraktiken ist, daß die Kirche selbst spirituell erstarkt. Die Ablehnung nichtchristlicher Meditationslehre genügt nicht, wenn wir an dieser Stelle nicht selbst etwas zu sagen und zu geben haben. Speziell die protestantischen Kirchen müssen sich die Frage gefallen lassen, welchen Wert die ganze Rechtfertigungsbotschaft hat, wenn sie offenbar so wenig in der Lage ist, die Menschen vor einem hohlen Aktivismus zu bewahren.

Christen beten anders als Heiden. Aber die Front verläuft längst durch unsere eigenen Reihen. Das Heidnische im Christentum ist das eigentliche Problem. Wehe uns, wenn wir unsere eigene Geistesverwandtschaft mit den Baalspriestern übersehen und ihre Nachfahren immer gleich außerhalb der Kirchengrenzen suchen. Sie sind mitten unter uns!

Der Gott, der mit Feuer antwortet, erweist sich eben im Feuer als der wahre Gott. Das ist wahr. Aber das ist nicht alles. Wir wollen dieses Kapitel nicht beschließen, ohne daran zu erinnern, daß derselbe Elia, der hier als Vorkämpfer des Gott-Feuer-Glaubens auftritt, bald danach lernen mußte, daß auch diese Erfahrung nur eine vorläufige Erfahrung war. „Aber der HERR war nicht im Feuer" – so muß er bald nach dem so überzeugenden Sieg über die Baalspriester und ihre Anhänger feststellen (1. Könige 19,12). Eine neue Erfahrung wartet auf ihn: daß Gott sich in der Stille einer ganz sanften Regung offenbart, daß es „sounds of silence" sind, die sein Reden kennzeichnen. Wer kann heute diese uns allen so notwendige Stille in Vollmacht auf diese laute Welt herabbeten?

9. Dankbar in allen Dingen

Und es begab sich, da er reiste nach Jerusalem, zog er zwischen Samarien und Galiläa hin. Und als er in ein Dorf kam, begegneten ihm zehn aussätzige Männer, die standen von ferne und erhoben ihre Stimme und sprachen: „Jesu, lieber Meister, erbarme dich unser!" Und da er sie sah, sprach er zu ihnen: „Gehet hin und zeiget euch den Priestern!" Und es geschah, da sie hingingen, wurden sie rein. Einer aber unter ihnen, da er sah, daß er gesund geworden war, kehrte er um und pries Gott mit lauter Stimme und fiel auf sein Angesicht zu Jesu Füßen und dankte ihm. Und das war ein Samariter. Jesus aber antwortete und sprach: „Sind ihrer nicht zehn rein geworden? Wo sind aber die neun? Hat sich sonst keiner gefunden, der wieder umkehrte und gäbe Gott die Ehre, als dieser Fremdling?" Und er sprach zu ihm: „Stehe auf, gehe hin; dein Glaube hat dir geholfen." Lukas 17,11–19

Vielleicht hat sich mancher schon darüber gewundert, daß in den bisherigen Abschnitten noch gar nicht von Dankgebeten die Rede gewesen ist. Ist nicht das Dankgebet sozusagen die Krone des Gebets? Schon jüdische Rabbiner, nicht lange nach der Wirkungszeit Jesu, formulierten: „Alle Gebete werden vergehen; nur das Dankgebet bleibt bis in Ewigkeit."

Das ist unbestreitbar richtig. Das Bittgebet ist Kennzeichen dieser vergänglichen Welt, das Dankgebet dagegen ist charakteristisch für die Ewigkeit. Aber wir sind in der Zeit, leben in der Erfahrung von Mangel und Unvollkommenheit, und so ist unser Beten zuerst Bitten, wie ja auch unser Wort „beten" nicht zufällig mit dem Wort „bitten" stammverwandt ist.

Dazu kommt ein zweites Bedenken. Wo unter Christen über das Danken gesprochen wird, verflacht der Gedankengang nur zu leicht zu geistlicher Moral. Die Mahnung, das Danken nicht zu vergessen, wird erhoben, begründet und eingeschärft, und so wiederholt sich auf höherer Ebene das, was wir als Kinder erlebt haben, als man uns beibrachte, das Dankeschönsagen nicht zu vergessen. Es gibt ja auch genug biblische Aussagen, die die

Dankespflicht in irgendeiner Form betonen und vom hohen geistlichen Wert der Dankbarkeit sprechen. Auch die Geschichte vom dankbaren Samariter scheint in diesen Zusammenhang zu gehören und wird auch meistens entsprechend ausgelegt.

Aber wenn das alles ist, was die Geschichte zu sagen hat, dann wäre ihre Aussage doch recht flach und eigentlich nicht wert, daß sie in der Heiligen Schrift aufbewahrt ist. Was die anderen neun geheilten Aussätzigen vergessen haben, ist ja wohl etwas mehr als ein zur religiösen Pflicht gehöriges Zeremoniell. „Hat sich sonst keiner gefunden, der wieder umkehrte und gäbe Gott die Ehre?", so fragt Jesus. Diese Menschen haben Gott die Ehre versagt, und das ist mehr als die Unterlassung einer kleinen, von der Sitte vorgeschriebenen Höflichkeit. Diese neun Männer mit ihrer Haltung stehen beispielhaft für etwas, was die meisten Menschen auszeichnet: Gottes Gaben nehmen sie gerne an, aber mit dem Geber haben sie nicht viel im Sinn. Was ihnen fehlt, das ist der elementare Gehorsam gegen das erste Gebot, das ja gerade umgekehrt darauf aus ist, daß der Mensch nicht über Gottes Gaben Gott selbst vergißt. Ihr Wesen ist ganz auf das Nehmen und Haben ausgerichtet. Der Kreis von Empfangen, Verwandeln und Austausch ist bei ihnen unterbrochen, er schließt sich nicht. Sie nehmen wohl und halten fest, was sie bekommen, aber sie sind nicht bereit, die Gabe in ein Lob zu verwandeln und sie so zum Geber zurückfließen zu lassen. Um diese Bereitschaft zum Austausch geht es in der Geschichte von den zehn Aussätzigen. Die Ehre Gottes ist es, um die Jesus kämpft.

Viele biblische Aussagen bleiben uns verschlossen oder werden von uns gründlich mißverstanden, weil wir unsere eigene moralisierende Sprache in die Bibel hineinlesen. Der Gebrauch von Übersetzungen, die das ursprünglich Gemeinte ja nie ganz treffen können, fördert dies Mißverstehen ungemein. Wie oft sprechen unsere Übersetzungen von „Gnade", obwohl das biblische Wort von all den mit dem Wort „Gnade" verbundenen Vorstellungen wie Gericht, Schuld, Begnadigung weit entfernt ist. So ist es auch mit dem Wort „Dank" beziehungsweise dem Tätigkeitswort „danken". Schon die Konkordanz weist aus, daß es im Alten wie im Neuen Testament überaus oft vorkommt, und dann lesen wir unsere flache und veräußerlichte Dankmoral in den biblischen Begriff hinein. So ist es zunächst einmal nötig, daß wir uns klar machen, daß die hebräische Sprache des Alten Testaments eigentlich gar kein eigenes Wort für „danken" hat. Das Wort berakh beziehungsweise berakha, das Luther für gewöhnlich mit „danken" übersetzt, heißt eigentlich „segnen". Es ist das gleiche Wort, das die Bibel auch benutzt, wenn sie davon spricht, daß die Priester den Segen Gottes über das Volk Gottes herabrufen (4. Mose 6,24–26). In der Bewegungsrichtung vom Menschen zu Gott bedeutet die Wurzel, deren Grundbedeutung eigentlich mit der etwas umständlichen Formulierung „jemandem in wirksamer Weise Gutes wünschen" umschrieben werden muß, soviel wie „rühmen", „von den Wohltaten einer Person sprechen", „ihren Ruhm ausbreiten". Das ist etwas anderes und – so wollen wir gleich hinzufügen – es ist mehr als ein formales Höflichkeitszeremoniell.

Nun steht die hebräische Sprache mit dem fehlenden originären Wort für „danken" nicht allein. In unserer eigenen Sprache ist das Wort ja auch eine verhältnismäßig junge Bildung, nicht einer eigenen Wortwurzel entstammend, sondern aus einer anderen Wurzel abgelautet. Auch die lateinische Sprache hat kein eigenes Wort für „danken". Die gebräuchlichen Ausdrücke sprechen eigentlich von der Gunst, die jemand in Gesinnung, Wort oder Tat dem Geber erweist, wobei der Versuch, das lateinische „gratia" durch das Wort „Gunst" wiederzugeben, wohl auch sehr anfechtbar und jedenfalls unvollkommen ist. Besonders fein ist der Vorstellungsgehalt, auf den die griechischen Worte eucharistein (Tätigkeitswort) beziehungsweise eucharistia (Hauptwort) zurückweisen. Sie meinen eigentlich die wohlgeformte Gebärde der Anmut (charis) im Empfangen.

Auf vielen Reisen habe ich im Blick auf sehr verschiedene Sprachen den jeweiligen Sprachkennern die Frage nach dem Wort „danken" vorgelegt. Die Antwort war immer die gleiche: Entweder hatte die betreffende Sprache gar kein Wort für „danken", oder aber es handelte sich um ein Wort, das nicht aus originärer Wurzel kommt und deswegen auch einen ganz anderen Vorstellungsgehalt hat. Besonders interessant sind dabei zwei Beobachtungen aus dem Bereich der Bantu-Sprachen, mit denen ich in Südafrika konfrontiert wurde. Da ist durch christliche Missionsarbeit auch ein Erntedanktag als Festtag in Brauch gekommen, der allerdings in sprachlicher Hinsicht für die einheimische Bevölkerung nicht ohne Probleme ist, denn das für den Dank gewählte Wort meint eigentlich die Feststellung, daß es genug ist und daß nichts mehr benötigt wird. Die Scheu einheimischer Christen, in solchem Sinne Erntedank zu feiern, ist nur zu verständlich. Man möchte doch nicht Gott sagen, daß man hinfort nichts mehr braucht! – Zum anderen: Ein weißer Südafrikaner stellte mit Ingrimm fest, daß die Zulusprache nicht weniger als siebenundzwanzig Worte für „Kuh" hat, dagegen nicht ein einziges Wort für „danke". Er deutete dies als Zeichen für einen krassen Materialismus. Nun, die sprachliche Beobachtung läßt sich verifizieren. Die gegebene Deutung aber ist ebenso verständnislos wie lieblos. Sie geht daran vorbei, daß den Zulus eine Fülle von Ausdrucksmöglichkeiten zu Gebote steht, wenn sie sich über ein Geschenk freuen, und daß es dafür natürlich auch sprachlich die entsprechenden Ausdrücke gibt.

Älter als das formelle Dankeschön, älter als die leider oft so nichtssagenden Formeln ist die spontane Freude am Empfangenen, die sich auf diese oder jene Weise kundtut. Eindrücklich war mir eine kleine Geschichte, die ein Mitbewohner in unserem früheren Hause uns einmal erzählte. Sein Sohn Matthias hatte Geburtstag, ich denke er war vier oder fünf Jahre alt geworden. Zur Feier des Tages nahm ihn sein Vater mit in sein Büro. Ein Arbeitskollege, der vom Geburtstag des kleinen Jungen hörte, griff prompt in seine Schreibtischschublade, holte eine Tafel Schokolade heraus und schenkte sie dem Jungen. Der strahlte vor Freude über das ganze Gesicht. Es kam, wie es kommen mußte: der Vater, um Höflichkeit und Ansehen besorgt, stellte die sattsam bekannte Frage: „Na, wie sagt man denn . . .?" Wenig später aber, auf dem Flur, empfing der Vater, wie er uns erzählte, von seinem Jungen eine Lektion, indem dieser vorwurfsvoll zu ihm sagte: „Das finde ich aber gar nicht schön, daß man sich nicht einmal bis zu Ende freuen darf!"

In der Tat, das ist nicht schön. Auch für den Geber, der vielleicht auf ein Echo wartet (wir sind ja im allgemeinen noch nicht so heilig, daß wir uns um die Reaktion, die auf unser Geschenk kommt, überhaupt nicht mehr kümmern), gibt es doch nichts Schöneres als die strahlende Freude im Gesicht des Empfangenden. Der Rest ist Nebensache. Unsere Pädagogik aber pflegt aus dieser Nebensache die Hauptsache zu machen. Sie dressiert das Kind, bis es die Höflichkeitsformel auf der Stelle und korrekt herausbringt, und meint, das sei Erziehung zur Dankbarkeit. Es ist wohl eher Erziehung zu einer Formalität, die sich je länger je mehr abnutzt, und, nur zu oft, sogar Erziehung zur Unaufrichtigkeit.

Es ist schlimm, wenn unser geistliches Leben auf das gleiche Ziel aus ist. Als ob Gott so kleinlich wäre, daß er von seinen Menschen vor allem den Gebrauch der rechten Formel erwartete! Und als ob die korrekte Einhaltung einer so verstandenen Bedanke-dich-Pflicht eine Tugend wäre! Lob und Dank spielen im biblischen Glauben eine ganz große Rolle, aber sie erwachsen nicht aus der Einschärfung eines bestimmten Rituals, sondern aus unbändiger Daseinsfreude. Wer Menschen dahin führen möchte, daß sie in Wahrheit dankbare Menschen sind, der muß ihnen den Weg zu solcher Daseinsfreude weisen. Das aber ist im allgemeinen ein schwieriges Geschäft.

Sie erwächst jedenfalls nicht aus einem sonnigen Gemüt, obwohl nicht zu leugnen ist, daß die seelische Disposition manchen Menschen die Daseinsfreude offenbar erleichtert, anderen aber erschwert. Sie erwächst aus einer bestimmten Art, dem Leben, den Menschen, den Dingen zu begegnen. Erfreulich ist das Leben nur in dem Maße, wie ich mich vertrauensvoll darauf einlasse. Die Dinge sind nie eindeutig gut oder eindeutig schlecht. Sie sind so, wie ich ihnen begegne. Begegne ich ihnen mit feindseligem Mißtrauen, so werden sie mich feindselig anstarren. Begegne ich ihnen freundlich, so werden sie mir freundlich entgegenkommen. Die Entscheidung liegt bei mir selbst.

Wieviele Menschen finden fast immer einen Grund zum Meckern. Sie stecken bis zum Rand voller Mißtrauen und sind dabei in dem hartnäckigen Irrtum befangen, daß ihnen deswegen alles so furchtbar erscheint, weil alles eben so furchtbar ist. Sie wissen nicht, daß ihr vom Mißtrauen getrübter Blick die Dinge trübe macht. Vor dem verschlossenen Menschen verschließt sich die Welt, und dem Verbitterten wird alles bitter. Aber solange wir die Schuld immer nur in der Außenwelt suchen, kommen wir keinen Schritt weiter. Das vertrauensvolle Einverständnis mit dem, was jetzt ist, ist auch der Schlüssel zu wirklicher Dankbarkeit. Es ist das Vorrecht der Christen, daß ihnen der Glaube von

Gott geschenkt ist. Ist dieser Glaube gesund und lebendig, dann verwirklicht er sich gerade in diesem kindlich-arglosen Auf-die-Dinge-Zugehen, im vertrauensvollen Sich-Einlassen auf die Welt, wie sie ist. Erlöst sein heißt befreit sein von der aus Angst geborenen Feindschaft gegen das Leben. Ein solcher Mensch *ist* dankbar, und Höflichkeitsformeln sind bei ihm im tiefsten Grunde überflüssig.

Ein eindrückliches Beispiel für dieses Gesetz hat uns Jacques Lusseyran in seiner Lebensbeschreibung gegeben. Lusseyran erblindete als Kind im Alter von sieben Jahren durch einen in der Schule erlittenen Unfall. Er beschreibt, wie er nach diesem schrecklichen Unglück nach einiger Zeit innerlich sehen lernte und so eine neue Möglichkeit der Orientierung gewann. So fand er, der Erblindete, das Licht wieder. Aber schon als Kind machte er eine wichtige Entdeckung, von der er den folgenden Bericht gibt (J. Lusseyran. Das wiedergefundene Licht, Seite 22–23):

„Dennoch gab es Zeiten, in denen das Licht nachließ, ja fast verschwand. Das war immer dann der Fall, wenn ich Angst hatte.

Wenn ich, anstatt mich von Vertrauen tragen zu lassen und mich durch die Dinge hindurch zu stürzen, zögerte, prüfte, wenn ich an die Wand dachte, an die halb geöffnete Tür, den Schlüssel im Schloß, wenn ich mir sagte, daß alle Dinge feindlich waren und mich stoßen oder kratzen wollten, dann stieß oder verletzte ich mich bestimmt. Die einzige Art, mich im Haus, im Garten oder am Strand leicht fortzubewegen, war, gar nicht oder möglichst wenig daran zu denken. Dann wurde ich geführt, dann ging ich meinen Weg, vorbei an allen Hindernissen, so sicher, wie man es den Fledermäusen nachsagt. Was der Verlust meiner Augen nicht hatte bewirken können, bewirkte die Angst: sie machte mich blind.

Dieselbe Wirkung hatten Zorn und Ungeduld, sie brachten alles in Verwirrung. Eine Minute zuvor kannte ich noch genau den Platz, den alle Gegenstände im Zimmer einnahmen, doch wenn mich der Zorn überkam, zürnten die Dinge mehr noch als ich; sie verkrochen sich in ganz unerwartete Winkel, verwirrten sich, kippten um, lallten wie Verrückte und blickten wild um sich. Ich aber wußte nicht mehr, worauf meine Hand legen, meinen Fuß setzen, überall tat ich mir weh. Dieser Mechanismus funktionierte so gut, daß ich vorsichtig wurde.

Wenn mich beim Spiel mit meinen kleinen Kameraden plötzlich die Lust ankam zu gewinnen, um jeden Preis als erster ans Ziel zu gelangen, dann sah ich mit einem Schlag nichts mehr. Ich wurde buchstäblich von Nebel, von Rauch umhüllt.

Die schlimmsten Folgen aber hatte die Boshaftigkeit. Ich konnte es mir nicht mehr leisten, mißgünstig und gereizt zu sein, denn sofort legte sich eine Binde über meine Augen, ich war gefesselt, geknebelt, außer Gefecht gesetzt, augenblicklich tat sich um mich ein schwarzes Loch auf, und ich war hilflos. Wenn ich dagegen glücklich und friedlich war, wenn ich den Menschen Vertrauen entgegenbrachte und von ihnen Gutes dachte, dann wurde ich mit Licht belohnt. Ist es verwunderlich, daß ich schon früh die Freundschaft und Harmonie liebte? Was brauchte ich einen Moralkodex, wo ich doch in mir ein solches Instrument besaß, das „Rotlicht" und „Grünlicht" gab: ich wußte immer, wo man gehen durfte, und wo nicht. Ich hatte nur auf das große Lichtsignal zu sehen, das mich lehrte zu leben".

So hat es also doch eine innere Logik, wenn Paulus in einem seiner Briefe die Forderung „Seid dankbar in allen Dingen" erhebt (1. Thessalonicher 5,18). Es ist gut, wenn wir das Wort so hören, wie es vom griechischen Urtext her klingt. Dann heißt es etwa: Nehmt alles, was euch widerfährt, mit der feinen Gebärde dessen an, der im Empfangen Anmut bewahrt! Wieviel mehr ist eine solche Haltung als die abgegriffenen Dankesformeln unseres Alltags! Und wie wohltuend unterscheidet es sich von den mancherlei neurotischen Übertreibungen, die sich in unsere Zeremonielle eingeschlichen haben!

Was wir gesagt haben, hat einen Pferdefuß, und das heißt ja eigentlich, wenn wir den alten Sinn des Ausdrucks ernst nehmen, etwas, woran man den Teufel erkennen kann. Ein aufrechter, gut geschulter Marxist würde es sofort erkennen. Dankbarkeit als Ausdruck einer Grundhaltung der Zustimmung zu allem, was jetzt ist – wo bleibt da die Dimension der Geschichte? Wo bleibt die Kategorie der Veränderung? Wo die Dialektik, die sich dem, was jetzt ist, entgegenstellt? Wo die sittliche Pflicht, im Sinne solcher Dialektik für die Überwindung des Bestehenden einzutreten? Übereinstimmung mit dem, was ist, kann doch wohl nicht heißen, daß wir mit all dem Leiden übereinstimmen, das die Menschheit bedrückt! Es kann doch auch nicht heißen, daß wir mit den Mächten der Gewalt und des Unrechts paktieren! Mit dem übereinstimmen, was ist, meint nicht billiges Einverständnis mit dem Gegebenen, an dem sich nun auch nichts ändern sollte. Es ist nicht getragen von ängstlicher Flucht vor dem Neuen. Feindschaft gegen Zukünftiges ist ihm fremd. Denn das, was ist, schließt die Möglichkeiten des Kommenden in sich. Wer in Übereinstimmung lebt mit dem, was ist, der stimmt auch mit dem überein, was da anders werden kann und soll. Er kann sich dem Neuen nicht verweigern. Er vertraut sich gerade auch dem an, was als Möglichkeit keimhaft im Bestehenden verborgen ist.

Es ist aber ein himmelweiter Unterschied, ob unsere Welt aus solcher dankbaren und vertrauensvollen Grundeinstellung heraus geformt und gestaltet wird oder aus einer zutiefst feindselig-mißtrauischen Haltung heraus, die das Bestehende um jeden Preis beseitigt sehen möchte. Darum liegt in manchen Reformbestrebungen unserer Tage soviel blinde Wut und soviel Gewaltsamkeit. In ihrer inneren Friedlosigkeit und mangelnden Daseinsfreude ist der Blick vieler Reformer verstellt für das, was *ist*, und dazu gehört eben auch das, was werden kann. An Reformen, die so erstrebt werden, wird am Ende niemand wirklich froh werden.

Eines aber ist klar: Solches Grundvertrauen und solche mit diesem Vertrauen wachsende Daseinsfreude liegen auf einer anderen Ebene als es die moralische Ebene ist, auf der wir üblicherweise stehen, wenn wir unsere Kinder erziehen. Es ist auch eine andere Ebene als sie mitunter bei dem Stichwort „Geistliches Leben" betreten wird. Unser Dankgebet soll echt sein; es soll, wie es C. S. Lewis über das Gotteslob gesagt hat, „hörbare innere Gesundheit" sein, und die Hinführung zum Loben und Danken muß diesem hohen Ziel gerecht werden.

10. Für andere beten

„Simon, Simon, der Satan hat euer begehrt, daß er euch möchte sichten wie den Weizen. Ich aber habe für dich gebeten, daß dein Glaube nicht aufhöre." Lukas 22,31 f.

So betet Jesus für seinen Jünger Petrus, den er in gefährlicher Versuchung sieht. Des Jüngers Glaube wird durchhalten, aber nicht deswegen, weil Petrus so entschlossen ist, sondern weil die Fürbitte Jesu seinem Glauben Kraft und Dauer verleiht. Das Feuer geht nicht aus.

Es ist nicht einfach nur Menschenfreundlichkeit, wenn Jesus für seine Jünger betet. Es gibt ein regelrechtes „Amt der Fürbitte", und wir müssen zuerst von diesem spezifischen Amt sprechen, ehe wir uns der Fürbitte als einer allgemeinen Christenpflicht zuwenden, denn das besondere Amt ist älter als die gleichsam demokratisierende Ausweitung der Fürbitte auf alle Gläubigen. So obliegt die Fürbitte für das Volk Gottes im Alten Testament den jeweiligen Führern wie Mose (2. Mose 32,11–14 sowie 31–32) oder Samuel (1. Samuel 7,8–9; 12,23). An einigen Stellen erscheint die Gabe des fürbittenden Eintretens dem prophetischen Amt zugeordnet (1. Mose 20,7; 1. Könige 13,6). Solche Menschen stehen gleichsam am Berührungspunkt zwischen Gott und seinem Volk. Aus dieser ihrer Stellung erwächst für sie Möglichkeit und Pflicht zum fürbittenden Eintreten für die ihnen von Gott anvertrauten Menschen. Sie fungieren dabei gleichsam als Mittler zwischen Gott und Volk. So betet auch Jesus für die Seinen (Lukas 22,32; Römer 8,34, vor allem aber im sogenannten hohepriesterlichen Gebet Jesu, Johannes 17).

Diese Sicht der Fürbitte als eines besonderen Amtes ist keineswegs überholt. Die Ausweitung des Dienstes der Fürbitte auf alle Glieder der Gemeinde entbindet die Amtsträger nicht von ihrer besonderen, in ihrem Amt begründeten Pflicht zur Fürbitte. So müssen Bischöfe für ihre Diözesen, Pfarrer für ihre

Gemeinden, Schulleiter für ihre Studenten oder Schüler, Vorgesetzte für ihre Mitarbeiter und Eltern für ihre Kinder beten. Versäumen sie die Fürbitte, so machen sie sich einer Amtspflichtverletzung schuldig (1. Samuel 12,23). Sie verweigern den ihnen anbefohlenen Menschen das Beste, was sie für sie tun können, und höhlen die Fundamente ihres Dienstes aus.

Von Anfang an hat die Fürbitte im christlichen Beten eine große Rolle gespielt. Und sie ist von Anfang an nicht auf irgendwelche herausgehobenen Amtsträger beschränkt, sondern Möglichkeit und Recht aller Gläubigen. Es ist kaum auszuschöpfen, wie reich christliches Leben und Beten da wird, wo die Fürbitte eine lebendige Rolle spielt. Was ist der Sinn und die Bedeutung des Fürbittgebets?

Zum Beten gehört allemal, daß ich mir der Gegenwart Gottes bewußt werde. Ich stehe vor ihm. Fürbitte tun heißt, ich fange an, die mir anvertrauten Menschen im Lichte Gottes zu sehen. Ich sehe ihr kleines, armseliges Leben in einer wunderbar verwandelten Weise: es ist durchstrahlt von Gottes Liebe, die auch dieses Leben erfüllen und durchdringen will. Ich fange an, den Liebeswillen Gottes wahrzunehmen, der diese Menschen erfüllen und durchdringen möchte. Ich ahne etwas von der Zuversicht, die Gott für diesen Menschen hat. Ich spüre ein wenig von der Weisheit Gottes, die für dieses Leben einen guten Plan hat. Und ich bekomme einen Blick für die Fülle guter Gaben, die Gott über dieses Leben ausschütten möchte. Und nun kann ich auch für diesen Menschen Fürbitte tun. Ich kann um den Sieg der Gnade Gottes in diesem Leben beten. Ich kann dafür eintreten, daß dieser Mensch sich den Segensströmen Gottes nicht verschließt, sondern alle Pforten seines Wesens weit auftut. Und schließlich – was wohl mit die wichtigste Frucht der Fürbitte ist – ich kann darum beten, daß ich selbst nicht im Wege stehe, wenn der Segen Gottes dieses Menschenleben erreichen will, ja, daß ich vielleicht durch Gottes Freundlichkeit zum Werkzeug werde, das Gott benutzt, um seine guten Gaben in das Leben dessen, für den ich bete, hineinströmen zu lassen. Wer in rechter Weise für einen Menschen betet, der sieht ihn mit anderen Augen, er entdeckt Mittel, Wege und Möglichkeiten, die sonst verborgen geblieben wären. So bringt jede Fürbitte ein Stück Verwandlung mit sich. Kleines wird nun wirklich klein, Großes wird nun wirklich groß, Ewigkeit strahlt auf mitten in dieser armseligen Zeit.

Für wen soll ich so beten? Zunächst einmal für die mir unmittelbar anvertrauten Menschen. Und wer so für sie betet, wird bald merken, daß er damit reichlich genug zu tun hat. Ich muß erst einmal damit rechnen, daß die Zahl derer, für die ich lebendig beten kann, beschränkt ist. Ich werde mich auch nicht durch ein falsches Pflichtgefühl verführen lassen, mehr auf mich zu nehmen, als mir heute möglich ist. So werde ich mich also erst einmal darauf konzentrieren, daß ich es übe, die Menschen meines unmittelbaren Lebenskreises in der geschilderten Weise zu sehen. Ich werde sogar mit einer gewissen Strenge gerade auf die achten, die in meiner nächsten Nähe leben. Modernes Leben übernimmt so gerne Verantwortung für den Übernächsten, derweil der kranke Nachbar unbesucht, der innerlich verzagte und vereinsamte Ehegatte ungetröstet, das verwirrte Kind unbeachtet bleibt. Auch in der Kirche ist das so. Hier bedarf es in der Fürbitte der Treue und der Zucht.

Natürlich wollen wir darüber die weite Welt nicht aus dem Auge verlieren. Die Kirche als eine weltweite, der ganzen Welt zum Segen bestimmte Gemeinschaft, muß für *alle* Menschen beten. Aber es ist auch die Not mancher herkömmlichen Kirchengebete, daß sie mit ihren pauschalen Formulierungen eher abstumpfend wirken. So treten wir in unseren Kirchen „für alle Menschen" ein, wie es schon Paulus im 1. Timotheusbrief (2,1) anordnet, beten für alle, die Regierungsverantwortung tragen, für alle Kranken und Sterbenden, für die Hungernden, die Verfolgten, für die Gefangenen und die Unterdrückten, für die Seefahrenden und Reisenden und . . . und . . . und . . ., aber das alles füllt sich nicht ohne weiteres mit Leben, wiewohl es doch die bittere Not lebendiger Menschenschicksale ist, für die wir da eintreten. Auch hier werden wir darum immer wieder die Konkretion suchen und an einer durchaus beschränkten Stelle die Treue üben.

Freilich: das heimliche Ziel ist, daß unsere Fürbitte gleichsam immer weitere Kreise zieht. Aber das ist kein Programm, das wir dann mit einem raschen Willensentschluß in die Tat umsetzen können. Fürbitte verlangt ein weites Herz, sie gibt aber auch ein weites Herz. Je weiter ein Herz geworden ist, desto mehr

Menschen kann es in der Fürbitte tragen. Aber das ist ein Prozeß allmählicher Reifung, die der Zeit bedarf. Gott läßt uns Zeit, also nehmen wir sie uns auch!

Auch die Fürbitte hat ihre Gefahren. Soll die Fürbitte, die andere für mich tun, womöglich mein eigenes schwaches Gebet stärken, damit es wirksamer wird? Schließlich hat ja auch Paulus so gehandelt, wie seine Briefe an vielen Stellen (zum Beispiel Römer 15,30–32; 2. Korinther 1,11; Epheser 6,18–20; Kolosser 4,3) deutlich zeigen. So erzählte mir vor Jahren ein junger Bruder, der nicht ohne Sorgen auf eine Sprachprüfung zuging, wie er sich in seiner Not (er war nicht sonderlich gut vorbereitet) hingesetzt und an eine ganze Reihe von Glaubensbrüdern Briefe versandt habe mit der Aufforderung, am Prüfungstag fürbittend für ihn einzustehen. Als ich ihn fragte, ob dies Aufgebot von Betern denn geholfen habe, antwortete er lachend: „Nee, ich bin trotzdem durchgefallen." Längst hat er die Prüfung nach besserer Vorbereitung mit Erfolg hinter sich gebracht; in seinem Glauben aber ist die Erkenntnis gereift, daß solche Praxis heidnisch ist. Unser Gott ist nicht so hartherzig, daß man ihn durch eine Armee von Mitbetern erweichen müßte. Er läßt auch niemand deswegen sterben, weil der arme Kerl zu wenig Fürbitter hat mobilisieren können.

Noch eine andere Gefahr ist gerade im fürbittenden Gebet wirksam. Wir sind schon früher (Seite 52) auf sie gestoßen und werden uns im nächsten Abschnitt anhand einer ganz bestimmten Frage noch besonders mit ihr beschäftigen müssen. Da betet jemand für einen Menschen und verwechselt seine eigenen törichten Wünsche, die er für diesen Menschen hat, mit dem Willen Gottes! Darum ist es bei der Fürbitte so wichtig, daß wir nicht einfach drauflosplappern, sondern unsere Aufmerksamkeit gesammelt auf Gottes Gegenwart richten. Auch im Blick auf die uns anvertrauten Menschen gilt, daß Sein Wille und nicht unser Wille geschehen soll!

Zwei besondere Fragen sollen zum Schluß noch bedacht werden. Die eine betrifft das Problem des Verhältnisses von Fürbitte und Handeln. Wir brauchen nur an die bitteren Vorwürfe zu denken, die gegen Menschen erhoben worden sind, die auf die Frage, was sie in der Zeit der nationalsozialistischen Gewaltherrschaft für die Juden getan hätten, zur Antwort gaben: Wir haben für diese armen Menschen gebetet. Fürbitte tun kann und darf nicht zum Alibi für unterlassenen persönlichen Einsatz werden. Wenn jemand „nur" für die Verfolgten betet und wenn seine Fürbitte nur ein totes Ritual ist, dann ist das schon schlimm. Fürbitte fragt, wie wir gesehen haben, gerade nach dem Willen Gottes für den Menschen, dem meine Fürbitte gilt. Es ist undenkbar, so nach dem Willen Gottes zu fragen, daß ich mich selbst, meinen Einsatz und meine Rolle, aus der Frage heraushalte. Natürlich kann es sein, daß Gott von mir erwartet, daß ich mich selbst aus einer Sache heraushalte. Es gibt ein neurotisches Allen-Leuten-helfen-wollen; Jesus beschreibt es in der Gestalt des Menschen, der anderen behilflich sein will, den Splitter aus dem Auge zu entfernen (Matthäus 7,4–5), aber diese Einstellung ist ganz bestimmt nicht im Sinne Gottes. Helfer, deren Hilfsbereitschaft womöglich ein großes Hindernis ist, sind nicht gefragt. Aber dies ist etwas anderes, als wenn jemand sich fürbittend um die geschuldete Hilfeleistung herumdrückt. Das Umgekehrte jedoch – Hilfeleistung ohne Fürbitte – ist zumindest eine gefährliche Verharmlosung der Not, wenn nicht sogar noch schlimmer. Wer will denn ernstlich helfen, ohne den Blick auf Gottes Plan gerichtet zu haben?

Die andere Frage betrifft das Problem der Fürbitte für die Feinde, zu der Jesus im Zusammenhang mit dem Gebot der Feindesliebe auffordert (Matthäus 5,44). Jesus selbst hat solche Fürbitte noch in seiner Todesstunde am Kreuz getan (Lukas 23,34). Was Jesus seinen Jüngern hier zumutet, ist etwas Unerhörtes. Normalerweise ist menschliches Leben bestimmt durch die ständige Zweiteilung der Menschen in Freunde und Feinde. Für einen Jünger Jesu entfällt diese Zweiteilung. Wie ist das möglich?

Sie entfällt jedenfalls nicht deswegen, weil Christen von niemandem angegriffen werden, im Gegenteil. Jesus setzt hier und bei vielen anderen Gelegenheiten voraus, daß seine Jünger verfolgt werden. Die Fürbitte soll ja gerade den Verfolgern gelten! Jesus denkt sich die Sache auch schwerlich so, daß seine Jünger sich mit Willensgewalt zur Feindesliebe zwingen. Solche Versuche wären von vornherein zum Scheitern verurteilt und würden uns unweigerlich in die Neurose führen. Wohl aber setzt Jesus voraus, daß seine Jünger die unparteiische Liebe Gottes kennengelernt haben, der seine Sonne aufgehen läßt über die Bösen und über die Guten und regnen läßt über Gerechte und Ungerechte (Matthäus 5,45). Wer von dieser Liebe lebt, kann nicht seinerseits einer Partei beitreten, in der eine beschränkte Gemeinschaft mit allen Mitteln um die Durchsetzung beschränkter Ziele bemüht ist. Er kann auch nicht selbst eine solche Partei gründen. Schon gar nicht wird er die christliche Kirche oder eine Gruppe in ihr wie eine Partei ansehen und im Sinne traditionellen Freund-Feind-Denkens zwischen Drinnen und Draußen unterscheiden. Es ist merkwürdig, wie die Christenheit jahrhundertelang an diesem Wort Jesu vorbeigelebt hat. Die Zahl der Greuel, die im Namen des Christentums begangen sind, ist groß. Sie wird uns mehr und mehr bewußt. Es ist höchste Zeit, daß wir uns gerade dieser unparteiischen Liebe Gottes aussetzen. Solche geistliche Erfahrung ist ein schlechter Boden für den Vernichtungswillen. Er fängt an abzusterben. Die Fürbitte für den „Feind", den es nun im strengen Sinne des Worts nicht mehr gibt, ist ein erster Schritt in diese Richtung. Wie soll ich die Sonne, die Gott über ihn scheinen läßt, verdunkeln? Soll ich den Regen, den Gott ihm gewährt, aufhalten? Auch hier kommt es darauf an, daß ich solche Fürbitte zuallererst an solchen Menschen übe, die mich tatsächlich in meinem Alltag bedrohen. Nur so bekommt die Übung den nötigen Ernst.

Ihrer Tendenz nach ist christliche Fürbitte grenzenlos. In jeder nur denkbaren Richtung zieht sie immer weitere Kreise. Sie verbindet uns mit allem, was lebt, ja, mit allem, was ist. Was wir in unsere Fürbitte einbezogen haben, das ist uns kostbar geworden und hat unser Leben reich gemacht. Es kann uns nicht mehr feind werden.

11. Für kranke Menschen beten

Leidet jemand unter euch, der bete; ist jemand guten Mutes, der singe Psalmen. Ist jemand unter euch krank, der rufe zu sich die Ältesten der Gemeinde, daß sie über ihm beten und ihn salben mit Öl in dem Namen des Herrn. Und das Gebet des Glaubens wird dem Kranken helfen, und der Herr wird ihn aufrichten; und wenn er hat Sünden getan, wird ihm vergeben werden. Bekennet einer dem andern seine Sünden und betet füreinander, daß ihr gesund werdet. Des Gerechten Gebet vermag viel, wenn es ernstlich ist. Elia war ein schwacher Mensch wie wir; und er betete ein Gebet, daß es nicht regnen sollte, und es regnete nicht auf Erden drei Jahre und sechs Monate. Und er betete abermals, und der Himmel gab Regen, und die Erde brachte ihre Frucht. Jakobus 5,13–18

In diesem Abschnitt soll es um eine besondere Gestalt der Fürbitte gehen: das Gebet für die Kranken. Dabei ist nicht daran gedacht, daß ich überhaupt kranker Menschen in meinem Gebet gedenke. Es geht um das Gebet, das in Anwesenheit des Kranken für ihn und über ihm gebetet wird. Dabei sieht unser Bibeltext aus dem Jakobusbrief hier eine besondere Aufgabe der Ältesten. Unseren Kirchenvorstehern, Presbytern oder wie wir die Verantwortlichen einer Kirchengemeinde heute nennen mögen, täte es gut, wenn sie sich mit diesem Bibelwort einmal gründlich beschäftigten. Es würde sie wohl in manche Verlegenheit bringen.

Das Eintreten für die Kranken ist in allen Schichten neutestamentlicher Überlieferung eine Selbstverständlichkeit. Dabei ist weniger an die christliche Liebespflicht der Krankenpflege oder des Krankenbesuchs gedacht, sondern an die Gabe der Krankenheilung. Aus der Lebensgeschichte Jesu sind die vielfältigen wunderbaren Heilungen nicht wegzudenken. Seinen Jüngern hat Jesus die gleiche Gabe anvertraut (Matthäus 10,1). Wer die Geschichte des Urchristentums kennt, möchte sogar sagen, daß Krankenheilungen zu den Kennzeichen der Kirche gehören. Eine Kirche ohne heilende Kräfte ist in der Heiligen Schrift nicht gut denkbar. Heute scheint es eher umgekehrt zu sein. Sehen wir einmal ab von den aus christlicher Missionsarbeit erwachsenen, sogenannten „Jungen Kirchen", in denen Heilungswunder nicht selten sind, müssen wir feststellen, daß derartiges in der Christenheit fast gar nicht geschieht. Es scheint so, als sei die Gabe der Krankenheilung in die Sekten und andere Randgruppen ausgewandert. Aber wer wollte sich damit zufrieden geben? Können wir eine Sache, die Jesus selbst offenbar sehr wesentlich war, so unbedenklich den Sekten überlassen?

Wunderbare Heilungen, durch das Gebet über dem kranken Menschen bewirkt, setzen ein religiöses Verständnis von Gesundheit und Krankheit voraus. Ein solches Verständnis aber ist in einer säkularisierten Welt nur sehr schwer zu gewinnen, so daß wir hier etwas ausholen müssen.

Krankheit gehört zur Signatur der Zeitlichkeit. In der Ewigkeit wird es keine Kranken mehr geben. Krank werden können ist die immer gegenwärtige Möglichkeit aller Lebewesen: Menschen, Tiere und Pflanzen. Jede Krankheit ist ein Vorbote des Todes. Sie macht uns unsere Hinfälligkeit bewußt. Sie zeigt uns, wie unser Leben dem allgemeinen Gesetz unterworfen ist, daß alles Leben den Angriffen lebensfeindlicher Mächte ausgesetzt ist, die sich in unseren Krankheiten austoben und schließlich in unserem Sterben triumphieren. Wohl objektivieren sich diese Mächte in mancherlei Erscheinungen wie Viren, Bakterien, Giften und dergleichen, die wissenschaftlicher Forschung nicht verborgen bleiben. Doch wäre es schlimm, wenn wir hier am Phänomen hängen blieben. Hinter all diesen Erscheinungen steht eine lebenszerstörende Macht, die sich auf keinen Begriff bringen läßt. Mit ihr hat es der Mediziner letztlich zu tun. Das heißt aber, daß der Kampf um die Gesundheit ein Kampf von metaphysischen Ausmaßen ist. Ohne religiöse Einsicht und Erfahrung ist er niemals ganz zu begreifen.

Dazu kommt ein weiterer Gesichtspunkt, der die religiöse Bedeutung des Problems noch mehr verdeutlichen kann. Menschliche Krankheit heißt nie einfach nur, daß ein bestimmter Mensch eine bestimmte Krankheit hat, sondern der Kranke hat *seine* Krankheit. Säkularisierte Medizin pflegt die personhafte Komponente auszublenden und bezahlt dafür meistens den Preis der Oberflächlichkeit, die sich damit begnügt, an den

Symptomen herumzukurieren. Was heißt es, daß die Krankheit, die ich habe, *meine* Krankheit ist? Was bedeutet unser Sprachgebrauch, mit dem wir ja auch beispielsweise sagen, daß jemand „einmal wieder *seine* Migräne hat"? Das kleine Possessivpronomen „mein" oder „sein" sagt sehr viel aus, mehr als wir hier entfalten können. Es ist jedenfalls Ausdruck der Identifikation, in der ein Mensch sich von seiner Krankheit nicht distanziert, als sei sie nur ein Sachschaden, sondern sich mit ihr identifiziert. Wer seine Krankheit als *seine* Krankheit ansieht, übernimmt damit auch ein Stück weit die Verantwortung für das, was ihm widerfährt. Besonders deutlich ist diese Seite der Sache, wenn wir uns die biographische Komponente vergegenwärtigen, die jede Erkrankung hat. Wer für seine Krankheit mehr haben will als einen lateinisch klingenden Namen, wer seine Krankheit verstehen will, der darf sie nicht unabhängig von seiner Lebensgeschichte betrachten. Der Zeitpunkt, zu dem ein Mensch erkrankt, ist nie zufällig. Suchen wir nach der Ursache einer Krankheit, so dürfen wir ihren Platz in der Lebensgeschichte des Patienten nicht übersehen. Fragen wir nach Sinn und Bedeutung einer Krankheit, so muß die biographische Situation des Patienten beachtet werden. Jede Krankheit verfolgt in der Biographie des Kranken ein bestimmtes Ziel. Von „Heilung" können wir eigentlich erst dann sprechen, wenn dieses Ziel erreicht ist. Daß vielleicht einige Symptome verschwunden sind, ist zu wenig.

Es ist klar, daß diese Überlegungen uns überall auf das Problem der religiösen Situation des Menschen stoßen lassen. Eine letzte Beobachtung soll dies abschließend verdeutlichen. Wer krank ist, der hat nicht nur eine bestimmte Krankheit, er hat auch ein Verhältnis zu dieser Krankheit. Manchmal ist die Einsicht in dies Verhältnis die wichtigste Voraussetzung für eine tiefgründige Diagnose und für eine gelingende Therapie. Allerdings ist darüber zu klagen, daß nur wenige Ärzte es gelernt haben, so zu fragen und die Beobachtung der Einstellung des Patienten zu seiner Krankheit für ihr eigenes therapeutisches Bemühen fruchtbar zu machen. Da gibt es Patienten, die sich in ihrer Krankheit sehr ängstigen, selbst wenn die Erkrankung offenbar gar nicht lebensgefährlich ist. Ihre Sprache verrät sie, wenn sie in allem, was sie berichten, eine verharmlosende Tendenz erkennen lassen. Wenn es ihnen schlecht geht, werden sie es so nicht sagen, sondern erklären: „Heute geht es mir nicht so gut." Sie werden beflissen hinzufügen, daß es schon viel schlimmer war. Bei anderen zeigt sich die Angst in der Neigung, das, was sie erleiden, zu verdrängen. Sie sind die großen Verschweiger, und alles, was die Erfahrung zu betäuben vermag, ist ihnen recht. Wieder andere flüchten in ihrer Angst in die wissenschaftliche Objektivität, die sich dann freilich oft als pseudowissenschaftlich herausstellt. Sie machen es dem Arzt schwer, weil sie genau zu wissen meinen, was sie haben und was der Arzt mit ihnen zu machen hat. Manche Menschen genießen ihr Kranksein offensichtlich. Endlich sind sie einmal der bewunderte und bemitleidete Mittelpunkt einer Welt, die ihnen sonst oft nicht einmal ein bescheidenes Plätzchen am Rande gönnt. Sie brauchen die Krankheit, um wenigstens einen Gegenstand des Stolzes zu haben, so wie die Aussätzigen, von denen A. de Saint-Exupéry sagt: „Sie schwenkten ihre Stümpfe, um ihren Platz in der Welt zu behaupten. So nahmen sie die Pflege wie eine Huldigung entgegen" (Die Stadt in der Wüste, Seite 11). Mancher kann von seiner Krankheit nicht sprechen, ohne in die schrecklichsten Übertreibungen zu fallen. Manche tragen ihre Leiden mit einer geradezu beängstigenden Schicksalsergebenheit, und nur selten ist einmal einer dabei, dessen Einstellung zu seiner Krankheit gesund und wirklichkeitsgerecht erscheint.

Gerade an dieser Stelle ist die religiöse Seite der Sache mit Händen zu greifen. Lebensangst und Lebensfeindschaft, wie sie in der Einstellung der meisten Kranken zu ihrer Krankheit zu Tage treten, sind religiöse Erscheinungen. Religiöse Probleme aber verlangen eine religiöse Antwort. Religiöse Mängel sind grundsätzlich nicht durch eine unpersönlich wirkende medikamentöse Behandlung zu bewältigen. Sie verlangen nach religiöser Kraft, die den inneren, spirituellen Mangel überwindet. Sie verlangen nach dem Gebet. Die Weltanschauung der modernen säkularisierten Medizin wird diesem allem nicht gerecht. Daß sich Kirche und Theologie oft in einer fatalen Bewunderung vor dieser Betrachtungsweise und ihren Behandlungsmethoden verbeugen, ist schlimm. Eine gute Spritze, zur rechten Zeit in der richtigen Dosierung gegeben, kann eine gute Sache sein. Aber sie kann nicht alles sein, und das Verabreichen einer Spritze sozusagen in Verlängerung des heilenden Tuns Jesu zu sehen und die übliche Art medizinischer Behandlung in unseren Tagen als adäquate Fortsetzung des biblischen Eintretens für die Heilung kranker Menschen auszugeben, ist einfach naiv.

Das Gebet, das die Ältesten nach dem Wort des Jakobusbriefs über dem Kranken beten sollen, soll ein Glaubensgebet sein. Was soll das heißen?

Es heißt zunächst einmal, daß sich in diesem Gebet der Glaube ausspricht, daß Gott diesen Menschen heilen kann und will. Daß er ihn heilen kann: daß also die göttlichen Kräfte, die das Leben erhalten möchten, stärker sind als alle Todesmächte. Es ist der Glaube, der sich heute gerade auch darin äußern muß, daß er vor den Erscheinungen der Lebensangst und Lebensfeindschaft, von denen wir gerade gesprochen haben, nicht kapituliert. Solcher Glaube soll ja nicht nur einige Symptome, an denen ein Mensch leidet, beseitigen. Er soll vielmehr mit dem Kranken und für den Kranken darum ringen, daß der eigentliche Krankheitskeim – das fehlende Vertrauen in das Leben und seine von Gott gesetzten Ordnungen und Grenzen – erstirbt. Das ist wirklich Kampf, der den Einsatz gesammelter spiritueller Kraft erfordert.

Aber da ist dann auch noch die andere Seite der Sache: Glaubensgewißheit, daß Gott diesem Menschen die Krankheit nehmen will, und zwar zu diesem Zeitpunkt. Das aber ist durchaus nicht selbstverständlich. Jesus hat keineswegs alle Kranken geheilt. Er hat nie gesagt, daß er gekommen sei, die Krankheit abzuschaffen. Seine Heilungen geschahen zeichenhaft; sie sollten beispielhaft zeigen, daß das Reich Gottes nahe ist, daß der Tag nicht fern ist, an dem sich Gottes Herrschaft machtvoll gegen alle lebensfeindlichen Kräfte durchsetzen wird. Schon jetzt wirken die Kräfte der kommenden Welt hier und da in diese Welt hinein und machen einzelne Kranke gesund. Es muß uns auch zu denken geben, daß er, der so vielen geholfen hat, sich selbst nicht helfen konnte – und offenbar auch nicht wollte! Die Menschen, die dies unter dem Kreuz Jesu spöttisch formulierten (Matthäus 27,42), haben, ohne es selbst richtig zu merken, den Nagel auf den Kopf getroffen. An der Frage, ob Gott jetzt die Heilung will, kann unser Gebet nicht vorbeigehen. Ein Gebet für einen Kranken sozusagen auf Probe gebetet, ist ein Ding der Unmöglichkeit. Wer es so versucht, würde wohl etwas ähnliches erleben, wie jene sieben Söhne eines Hohenpriesters

Skeuas, von denen die Apostelgeschichte (19,13–17) berichtet. Sie waren jüdischer Abkunft und betätigten sich als wandernde Dämonenaustreiber. Eines schönen Tages kamen sie, unter dem Eindruck dessen, was sie bei Paulus sahen und hörten, auf die Idee, es auch einmal mit dem offenbar so machtvollen Namen Jesus zu versuchen. Was bei diesem Experiment herauskam, ist ergötzlich und abschreckend zu lesen. Die Sache mit den Ältesten und ihrem Gebet über dem Kranken kann also nicht darauf hinauslaufen, daß ein frommes Ritual für die Kranken eingerichtet wird, bei dem kranke Menschen wahllos unter Handauflegung durch die Fürbitte gesund gemacht werden. Die Frage aber, ob Gott die Heilung will, ist außerordentlich schwer zu beantworten. Sie verlangt geistliche Intuition, und sie ist nicht einfach nach einer bestimmten Methode erlernbar. Im nächsten Abschnitt wird uns die Frage nach dem Willen Gottes angesichts einer bestimmten Krankheit noch weiter beschäftigen müssen.

Der Jakobusbrief stellt einen beachtenswerten Zusammenhang zwischen Krankheit und Sünde beziehungsweise zwischen dem Gebet, das dem Kranken Heilung erwirkt, und der Sündenvergebung her. Es ist der gleiche Zusammenhang, den auch das Evangelium von der Heilung eines Gichtbrüchigen durch Jesus (Matthäus 9,1–8) kennt. Viele Menschen werden sich instinktiv gegen einen solchen Zusammenhang wehren. Dabei steht wohl nicht nur das moderne wissenschaftliche Bewußtsein, zu dessen verwissenschaftlichtem Verständnis von Krankheit solche Kategorien nicht passen wollen, gegen das Wort der Bibel auf. Noch stärker wehrt sich unser Innerstes gegen die naheliegende Konsequenz, daß man nun mit dem Finger auf den armen Kranken zeigt und ihm seine Sünden vorrechnet. Solche Rechnerei und Disqualifizierung des Kranken als eines besonders schlimmen Sünders ist in der Tat nicht im Sinne Jesu. So verweigert er seinen Jüngern die Antwort auf die Frage, wo die Sünde des Blindgeborenen zu suchen sei (Johannes 9,1–3), und die Menschen, die der einstürzende Turm von Siloa unter sich begrub, waren für ihn keineswegs besonders schlimme Übeltäter (Lukas 13,4–5). Aber ob ich überhaupt einen Zusammenhang von Krankheit und Schuld sehe oder ob ich solche Zusammenhänge verrechne, das ist zweierlei. Und ob mich die Beobachtung eines solchen Zusammenhangs in die eigene Buße treibt oder dazu verführt, in liebloser Weise anderen ihre Sünden vorzurechnen, das ist auch zweierlei. Daß der Zusammenhang überhaupt gegeben ist, ist nicht gut zu leugnen.

Primitives, undifferenziertes Bewußtsein kann sich diesen Zusammenhang wohl nur so vorstellen, daß Gott einen Menschen, der etwas Schlimmes getan hat, mit einer Krankheit bestraft. Beispiele für eine solche Sichtweise lassen sich ja auch in der Bibel finden. Denken wir nur an Mirjams Aussatz (4. Mose 12)! Diese Perspektive verführt besonders leicht zum Rechnen und zum Fingerzeigen. Aber es gibt auch eine differenziertere Sicht, die uns heute deutlich vor Augen steht. Sehen wir Sünde einmal nicht als moralische Fehlleistung, als Übertretung eines bestimmten Gebotes, sondern verfolgen wir die verwerfliche Tat zurück, bis wir ihren eigentlichen Ursachen begegnen. Dann stoßen wir hinter den Erscheinungen auf ein tiefes Mißtrauen gegenüber dem Leben und seinen Ordnungen. Solches Mißtrauen aber ist ja nicht ein toter Gedanke. Es sitzt nicht einfach als (verkehrte) Weltanschauung in unserem Kopf. Es gleicht vielmehr einem Gift, das uns höchst leibhaftig vergiftet. Es läßt unsere Muskulatur verkrampfen, es macht die Gefäße eng, es nimmt uns die Luft, es bringt unseren Stoffwechsel in Unordnung, es stört die fließende Harmonie, die die wechselseitige Abhängigkeit aller unserer Organe voneinander eigentlich bestimmt, es macht uns buchstäblich krank. Was wir hier sagen, sind Andeutungen. Wehe dem, der diese Überlegungen vereinfacht – es wäre wirklich eine schreckliche Vereinfachung. In Wirklichkeit sind diese Zusammenhänge immer sehr kompliziert, bei jedem Menschen sind sie anders, und was wir wahrnehmen, ist nie eine lückenlose Gesamtschau dieser Zusammenhänge. Aber wir gewinnen Ahnungen, die sich aus einzelnen Beobachtungen aufdrängen und die wir nicht gut leugnen können.

Nicht nur das Mißtrauen, in dem die konkrete Verfehlung wurzelt, macht krank. Noch schlimmer ist die krankmachende Wirkung der verheimlichten Schuld. Schon der Psalmbeter des Alten Testaments wußte davon: „Denn als ich es wollte verschweigen, verschmachteten meine Gebeine durch mein tägliches Klagen. Denn deine Hand lag Tag und Nacht schwer auf mir, daß mein Saft vertrocknete, wie es im Sommer dürre wird.

Darum bekannte ich dir meine Sünde, und meine Schuld verhehlte ich nicht. Ich sprach: Ich will dem HERRN meine Übertretungen bekennen. Da vergabst du mir die Schuld meiner Sünde" (Psalm 32,3–5). Das Sündenbekenntnis und der Zuspruch der Vergebung sind also unter Umständen wesentliche Voraussetzung dafür, daß es zu einer Heilung kommt. Aber wehe dem, der diese Zusammenhänge in einen verrechenbaren Mechanismus umdeutet! Und wehe uns, wenn wir ein moralisierendes Verständnis von Sünde haben und uns so mit der schwierigen Frage nach dem Zusammenhang von Sünde und Krankheit befassen. Dann wird auch unser „Sündenbekenntnis" schwerlich ein Schritt zur Heilung sein, zumindest nicht auf Dauer.

Das Gebet für den Kranken muß also das Gebet um die Vergebung in sich schließen, sonst ist es eine halbe Sache. Gerade an dieser Stelle muß der Kranke frei werden. Wer hier nicht frei atmen kann, ist auch angesichts von Krankheit schlecht dran.

In unseren Tagen bekommen diese Dinge eine ganz neue Bedeutung. Zunächst gilt dies für die Menschen in den Industrienationen. Wir sind anders krank als die Menschen früherer Generationen. Meistens wissen wir über unsere Krankheiten und manchmal auch über die Heilungsaussichten sehr viel. Die therapeutischen Möglichkeiten sind ungleich besser und vielfältiger als früher. Aber die innere Einsamkeit unserer Kranken, die innere Hilflosigkeit im Umgang mit dem eigenen Kranksein, ist oft ganz schrecklich. Was bedeutet es, wenn ein Mensch tüchtigen Spezialisten ausgeliefert ist, die ihr Möglichstes tun, aber keiner kommt, der ihn in seiner Einsamkeit aufsucht? Und wenn dann doch einmal einer kommt – vielleicht der Klinikpfarrer oder der Gemeindepastor – hat er womöglich nicht mehr zu geben als ein paar gutgemeinte, aber hilflose allgemeingültige Sprüche und Redensarten. Sprüche sind zu wenig. Christenpflicht ist das Gebet für den Kranken und mit dem Kranken. Christenpflicht ist mehr als ein gutes, aber distanziertes geistliches Wort. Christenpflicht ist die warme Nähe der aufgelegten Segenshand, durch die heilsame und bergende Kräfte zu dem Kranken kommen. Es geht nicht an, daß wir unseren Kranken unser Bestes schuldig bleiben.

Jeder Schritt in diese Richtung ist schwer. Mag das hier Vorgelegte auch in seinen Grundzügen einleuchten – vor der Verwirklichung steht bestimmt die heimliche Angst, daß es schiefgehen könnte, eine Angst, die sich vielleicht zu der Gewißheit, daß gar nichts geschehen wird, versteift hat. Ohne einen vitalen Glauben an die Kräfte des Lebens werden wir hier auch keinen Schritt vorankommen. Und auch auf die Frage, die wir oben berührt haben, die Frage, ob Gott die Heilung dieses Menschen jetzt auf diesem Wege will, können wir nicht verzichten. In der Auseinandersetzung mit der Krankheit, die nicht geheilt werden kann und – nach Gottes Willen – auch nicht geheilt werden soll, muß unser Verständnis von Krankheit und auch unser Umgang mit kranken Menschen reifen. Davon soll der folgende Abschnitt sprechen.

12. Das nicht erhörte Gebet

Gerühmt muß werden, wenn's auch nichts nütze ist. So will ich kommen auf die Gesichte und Offenbarungen des Herrn. Ich kenne einen Menschen in Christus; vor vierzehn Jahren – ist er in dem Leibe gewesen, so weiß ich's nicht; oder ist er außer dem Leibe gewesen, so weiß ich's auch nicht; Gott weiß es – da ward derselbe entrückt in das Paradies und hörte unaussprechliche Worte, welche ein Mensch nicht sagen darf. Von demselben will ich rühmen; von mir selbst aber will ich nicht rühmen, nur meine Schwachheit. Doch wenn ich mich rühmen wollte, täte ich darum nicht töricht; denn ich würde die Wahrheit sagen. Ich enthalte mich aber dessen, auf daß nicht jemand mich höher achte, als er an mir sieht oder von mir hört. Und auf daß ich mich nicht der hohen Offenbarungen überhebe, ist mir gegeben ein Pfahl ins Fleisch, nämlich des Satans Engel, der mich mit Fäusten schlage, auf daß ich mich nicht überhebe. Dafür ich dreimal zum Herrn gefleht habe, daß er von mir wiche. Und er hat zu mir gesagt: „Laß dir an meiner Gnade genügen, denn meine Kraft ist in den Schwachen mächtig." Darum will ich mich am allerliebsten rühmen meiner Schwachheit, auf daß die Kraft Christi bei mir wohne. Darum bin ich guten Mutes in Schwachheit, in Mißhandlungen, in Nöten, in Verfolgungen, in Ängsten, um Christi willen; denn wenn ich schwach bin, so bin ich stark.   2. Korinther 12,1–10

Ein Mann erzählte mir, wie er nach einem durch und durch unkirchlichen Leben im Alter von vierzig Jahren zum lebendigen Glauben an Gott gekommen war. Danach kam er darauf zu sprechen, welche wunderbaren Erfahrungen er seitdem in seinem Gebetsleben gemacht hatte. Er gab einige Kostproben, die wirklich eindrucksvoll waren. Beispiel folgte auf Beispiel, es sprudelte nur so aus ihm heraus, und über alledem stand der Satz: „Ich könnte Ihnen noch ganz andere Sachen erzählen . . .!" Bestimmt konnte er. Sein ganzes Leben schien seit seiner Bekehrung eine Kette unablässiger Gebetserhörungen gewesen zu sein. Und falls sich eine Situation zunächst sehr dunkel anließ, hellte sie sich doch bald auf, bis sich die ganze Problematik in

Wohlgefallen auflöste. Meine Reaktion muß den guten Mann ein wenig enttäuscht haben. Zu irgendeiner überschwenglichen Anerkennung seiner Erfahrungen (an deren Wirklichkeit ich nicht zweifle) konnte ich mich nicht aufschwingen, und beneidet habe ich ihn auch nicht, obwohl ich selbst bei weitem nicht so viele großartige Geschichten aus meinem Leben hätte erzählen können. Wenn ich angesichts dieses Redeschwalls überhaupt noch etwas hätte erzählen mögen, dann wäre es wohl die eine oder andere Begebenheit in meinem Leben gewesen, bei der mein Gebet nicht erhört wurde, Begebenheiten, die mir sehr kostbar geworden sind, von denen ich aber auch nur selten und mit der gebührenden Zurückhaltung und Keuschheit zu sprechen vermag.

Ich mußte, als ich die Eindrücke aus der geschilderten Begegnung zu verarbeiten suchte, an einige Sätze aus A. de Saint-Exupéry's Buch „Die Stadt in der Wüste" denken, die mich damals, als ich sie zuerst las, furchtbar aufgeregt haben, die mich seitdem aber auch niemals losgelassen haben. Der französische Schriftsteller schreibt:

„Es begab sich jedoch, daß meine Verzweiflung einer unerwarteten und eigentümlichen Heiterkeit wich. Ich versank im Schlamm des Weges, ich riß mich an den Dornen wund, ich kämpfte gegen die peitschenden Windstöße, und doch kam eine gefestigte Klarheit über mich. Denn ich wußte nichts; aber ich hätte auch nichts erfahren können, was mich nicht angewidert hätte. Ich hatte Gott nicht berührt, doch ein Gott, der sich berühren läßt, ist kein Gott mehr. Er ist es auch nicht mehr, wenn er dem Gebet gehorcht. Und zum ersten Male ahnte ich: Die Größe des Gebetes beruht vor allem darauf, daß ihm nicht geantwortet wird und daß dieser Austausch nichts mit einem schäbigen Handel zu tun hat. Und ich ahnte, daß das Erlernen des Gebets im Erlernen des Schweigens besteht und dort erst die Liebe beginnt, wo kein Geschenk mehr zu erwarten ist. Die Liebe ist vor allem Übung des Gebets und das Gebet Übung des Schweigens." (Die Stadt in der Wüste, Seite 180).

Diese Aussagen klingen ganz anders. Was A. de Saint-Exupéry hier ausspricht, ist die leidvolle und oft geradezu bittere Erfahrung vieler Menschen. Wie oft habe ich es gehört: „Ich habe ja gebetet, aber es hat nichts geholfen." Wieviele Gefangene haben um die Freiheit gebetet und haben sie nicht erlangt!

Wieviele Kranke haben um ihre Genesung gebetet und sind nicht gesund geworden! Wieviele Mütter und Frauen haben in den Kriegen zu Gott um eine glückliche Heimkehr ihrer Söhne und Männer gebetet, und sie sind nicht zurückgekommen!

Wir wollen und dürfen es uns an dieser Stelle nicht leicht machen. Es wäre zu billig, wenn wir im Blick auf solche Erfahrungen einfach erklären würden, daß diese Menschen offenbar nicht ernstlich genug gebetet haben. Wir wollen auch nicht zu schnell sagen, daß Gott es mit diesen Menschen dennoch gut gemeint hat – wiewohl das sicher stimmt. Wir wollen die Erfahrung des nichterhörten Gebets nicht mit frommen Formeln überspielen, sondern die Bitterkeit solcher Erfahrungen aushalten und, wenn es sein muß, sogar auskosten. Es gehört zur gebotenen Tapferkeit, solchen Erfahrungen standzuhalten. Weglaufen wäre Unglaube.

Aber wie wollen wir sie bewältigen? Was Paulus aus seinem Leben erzählt, mag ein Beispiel sein – aber nicht mehr. Paulus berichtet von einem Herzenswunsch, den er im Gebet dem Herrn vorgelegt hat und der ihm nicht erfüllt worden ist. Es war wahrhaftig keine Kleinigkeit, um die der Apostel gebetet hatte. Der „Satansengel", der ihn regelmäßig mit Fäusten schlug, sollte von ihm weichen. Wir wissen nicht genau, worauf Paulus hier anspielt; vielleicht handelt es sich um eine Krankheit. Manche haben sogar an Epilepsie gedacht oder, unter fragwürdiger Berufung auf eine Stelle aus dem Galaterbrief (4,15), eine Augenkrankheit vermutet. Aber darauf kommt es für das Verständnis auch gar nicht an. Jedenfalls handelt es sich um ein schweres Leiden, das den Apostel in seinem Leben und in seinem Amt ernstlich beeinträchtigte. Sein Wunsch ging nicht in Erfüllung. Freilich blieb das Beten des Apostels auch nicht ohne Antwort. Luthers Übersetzung ist hier nicht ganz genau. Wörtlich übersetzt lautet das, was Paulus zu hören bekam, folgendermaßen: „Genug für dich ist meine Freundlichkeit. Meine Kraft vollendet sich nämlich in der Schwachheit." Ob Paulus diese Antwort gerne gehört hat? Mußte sie ihm nicht zunächst sehr enttäuschend erscheinen? Empfing er doch an Stelle der ersehnten gesundheitlichen Kraft einen frommen, erbaulichen Spruch. Paulus hat das Wort angenommen und er hat gelernt, daß Gott ihm die Erfüllung seines Herzenswunsches versagt hatte, weil er ihm Größeres bestimmt hatte. Dieses Größere aber sollte die Entdeckung sein, daß die vollkommene Erfahrung der Freundlichkeit Gottes nur unter den Bedingungen der Schwachheit möglich ist.

Keiner von uns möchte Gottes Freundlichkeit missen. Aber unsere Wunschvorstellungen gehen immer dahin, daß uns Lebenserfolg *und* die Freundlichkeit Gottes, Gesundheit *und* die Freundlichkeit Gottes, befriedigende Beziehungen zu anderen Menschen *und* die Freundlichkeit Gottes beschieden sein möge. Wir stellen uns die Sache so vor, daß unser Leben dann so richtig rund und schön sein wird, und täuschen uns darüber hinweg, daß die Kombination von innerweltlichem Glück und der Erfahrung der Freundlichkeit Gottes zur Folge hat, daß wir so der Freundlichkeit Gottes nur in einer geminderten, gebrochenen Gestalt begegnen. Es ist eine eigentümliche Mathematik, die hier herrscht. Gerhard Tersteegen hat sie in der folgenden Gleichung zum Ausdruck gebracht: „Soviel du zu Gott hinzufügst, soviel ziehst du von ihm ab." Für unseren Zusammenhang können wir dementsprechend sagen: Was immer du neben der Freundlichkeit Gottes alles haben möchtest, mindert die Erfahrung der Freundlichkeit Gottes. Vollkommene Erfahrung, daß Gott stark ist, kann nur derjenige haben, der so schwach ist, daß er zu Gottes Kraft keinen eigenen Beitrag mehr hinzufügen kann.

Ein ganz neues, vertieftes Verständnis von Krankheit wird hier möglich. Unser gewöhnliches Verständnis von Krankheit ist infantil. Krankheit ist ein Übel, das unbedingt beseitigt werden muß, und zwar möglichst schnell. Einem schwachen Kind und seinen geringen Möglichkeiten mag diese Sicht gerecht werden, einem gereiften Erwachsenen kann sie nicht genügen. Es ist erschreckend, daß auch viele Ärzte angesichts von Krankheit nur die eine, in dieser Ausschließlichkeit flache Sicht von Krankheit haben: die Krankheit als Störfaktor, den man möglichst schnell wegkriegen muß. Daß eine Erkrankung auch einen Wert in sich trägt, daß sie die Voraussetzung wesentlicher Erfahrungen sein kann, daß sie Anstoß und Hilfe zu einer inneren Heilung sein kann, daß es darum unter Umständen auch einmal gar nicht gut ist, wenn eine Krankheit zu rasch vorübergeht, ist ihnen fremd. Vor allem den Schmerz, der doch ein

Gottesbote ist, möchten sie möglichst rasch beseitigen, oft genug ehe er überhaupt ausgeredet hat und seine Botschaft losgeworden ist.

Im vorigen Abschnitt waren wir bereits mit der Schwierigkeit konfrontiert, daß nur einige Kranke geheilt werden, aber nicht alle. Ist Gottes Einstellung zu Gesundheit und Krankheit etwa halbherzig und gespalten, so daß wir uns nicht darauf verlassen können, daß Gott unbedingt die Gesundung will? Nein, Gott ist hier nicht gespalten. Aber sein Kampf um die Gesundung kennt mehr als nur ein Mittel. Neben der Möglichkeit einer wunderbaren Heilung steht die andere Möglichkeit, daß einem Menschen Krankheit und Schwäche kostbar werden, weil er erfaßt hat, wie gerade die Krankheit ihm etwas geschenkt hat, was er sonst wohl nicht empfangen hätte und was er auf keinen Fall missen möchte. Für unseren Umgang mit der Krankheit, es sei die eigene oder die anderer Menschen, ist es wichtig, daß wir aufmerksam fragen, auf welche Weise Gott sein lebenschaffendes Wort angesichts dieser Krankheit sprechen möchte. Danach wird sich dann auch unser Beten zu richten haben. Es gibt das Wunder der wunderbaren Heilung, es gibt aber auch das Wunder der demütigen Einwilligung in das, was die Krankheit in meinem Leben erreichen will. Beide Wunder vermag Gott zu tun, und so oder so wartet er auf unser gläubiges Gebet.

Wir wollten das, was Paulus berichtet, lediglich als Beispiel nehmen. So kann es gehen, aber so muß es nicht gehen. Paulus empfing immerhin auf sein Beten eine Antwort, auch wenn es nicht die ersehnte war. Und die göttliche Antwort deutete ihm sein Lebensschicksal und erschloß ihm Möglichkeiten, die seinem Leben Grund und Tiefe gaben. So konnte er sein Los auch annehmen und dem Ratschluß Gottes seine Zustimmung geben. Schwäche und Krankheit, die ihm vorher nur Behinderung und Benachteiligung waren, wandeln sich in ein Vorrecht, das Paulus am Ende wohl auch nicht mehr gerne preisgegeben hätte. Er hätte sein Bestes eingebüßt. Aber wenn mir auf mein Beten gar keine Antwort zuteil wird, nicht einmal eine unerwünschte?

Von dieser Erfahrung spricht ja A. de Saint-Exupéry in der oben angeführten Stelle: „Die Größe des Gebets beruht vor allem darauf, daß ihm nicht geantwortet wird." Besonders schmerzlich ist eine solche Erfahrung für den, der in seinem Leben reichlich erfahren hat, daß Gott seine Gebete erhört hat. Aber nun scheint sich Gott zurückgezogen zu haben. Er schweigt. Tiefes Dunkel bricht nun herein. Der Glaube verliert die Stützen, die ihn gerade noch getragen haben. Wenn andere von ihren Gebetserhörungen berichten, sitzt man traurig und vielleicht sogar bitter dabei. Die Zeit vergeht und die innere Not wächst. In schlaflosen Nächten erhebt sich die Frage, welche Schuld mich womöglich von Gott trennt, so daß er mein Gebet nicht erhören kann. Das Wort des Propheten dringt an mein Ohr: „Eure Verschuldungen scheiden euch von eurem Gott, und eure Sünden verbergen sein Angesicht vor euch, so daß ihr nicht gehört werdet" (Jesaja 58,2). Ich gehe in mich, tue Buße, bekenne meine Schuld, bete von neuem und bekomme doch keine Antwort. Immer tiefer wird die Verzweiflung, und mein Herz führt ein endloses Gespräch mit Gott, aber das Gespräch bleibt ein quälender Monolog. Die Versuchung, den Glauben, der doch offenbar nichts einbringt, ganz aufzugeben, wird stark und stärker. Nicht wenige sind es, die an dieser Stelle scheitern und aufhören, zu glauben und zu beten.

Bei A. de Saint-Exupéry werden solche Erfahrungen gleich-sam auf den Kopf gestellt. Was uns im allgemeinen als eine Katastrophe erscheint, stellt er als „die Größe des Gebets" hin. Mit welchem Recht? Offenbar sieht Saint-Exupéry einen ähnli-chen Zusammenhang wie den, der Paulus gezeigt wurde: Wo das Gebet ohne Antwort bleibt, tut sich die Möglichkeit tieferer göttlicher Erfahrung auf. Wo der eine nur die Versagung sieht und darüber klagt und jammert, entdeckt der andere, daß die Zumutung, die darin liegt, daß Gott nicht antwortet, bei aller Härte eine freundliche Zumutung ist, durch die Gott mir sagen will: Du kannst stark sein; du bist stark, durch mich. Du kannst ohne die Erfüllung deines Herzenswunsches leben; ich mute es dir zu. Ich traue es dir zu, daß du daran nicht zerbrechen wirst. Deine Liebe zu mir soll reifen. Sie soll hinfort nicht mehr abhän-gig sein vom Geschenk. Und in dieser Freiheit ist deine Liebe und meine Liebe groß.

Gottes Schweigen ist mitunter entsetzlich. Und doch, es ist kein nichtssagendes Schweigen. Es kommt darauf an, daß wir die Botschaft hören, die im Schweigen Gottes beschlossen ist.

Das nicht erhörte Gebet ist ein Stachel. Es bietet die Chance der Wandlung, der schmerzlichen Wandlung. Das Glaubensleben vieler Menschen und dementsprechend auch ihr Beten ist von einer geistlichen Habgier bestimmt, die unfrei macht. Sie gleichen in ihrem Glauben Kindern, die ohne Süßigkeiten nicht existieren können. Manchem verweigert Gott diese Süßigkeiten, um ihn von seiner Habgier zu erlösen. Wem es so geht, der versuche stolz zu sein darauf, daß Gott ihm dies zumutet.

Der Stolz, der hier entstehen kann, ist von ganz anderer Art als der Stolz, den wir normalerweise unter uns beobachten. Für gewöhnlich haben wir es mit dem Stolz zu tun, der sich an vollbrachter Leistung oder an aufweisbarer Kraft oder an empfangener Auszeichnung entzündet. Dieser Stolz zerbricht in den Dunkelheiten nicht erhörter Gebete. Ein Mann wie Paulus hatte abgesehen von der Freundlichkeit Gottes nicht viel vorzuweisen. Arm, krank, schwach und verachtet zog er als Missionar von Ort zu Ort, und diejenigen, die christlichen Glauben mit glanzvoller Selbstdarstellung verwechselten, waren nicht bereit, ihn als Apostel zu akzeptieren. Zu einer glanzvollen Selbstdarstellung fehlten ihm alle Voraussetzungen, und an der Stelle, die für sein Leben eigentlich so entscheidend zu sein schien, konnte er nicht einmal mit einer spektakulären Gebetserhörung aufwarten. Aber auf einer ganz anderen Ebene konnte er stolz sein: daß die Gnade Gottes unter so elenden Voraussetzungen Entfaltungsmöglichkeiten fand, von denen seine Gegner keine Ahnung hatten. Nicht etwas Geringeres hatte er empfangen, sondern etwas Größeres.

Hüten wir uns aber, aus dem Gesagten eine schöne, allgemeingültige Theorie zu machen, in der das Rätsel des nicht erhörten Gebetes seine Lösung gefunden hat. In der Nacht der versagten Antwort brechen auch alle Theorien zusammen. Daß Paulus es so und so erlebt hat und daß A. de Saint-Exupéry es so und so gedeutet hat, hilft mir im entscheidenden Augenblick sehr wenig, wahrscheinlich sogar überhaupt nicht. Denn jetzt erlebe ich meine Gottesnacht, mein Lebensrätsel ist es, das sich verwirrt, und meine Reifung ist gefordert.

13. Gebet und Heiligung

Höret des HERRN Wort, ihr Herren von Sodom! Nimm zu Ohren die Weisung unseres Gottes, du Volk von Gomorra! „Was soll mir die Menge eurer Opfer?" spricht der HERR. „Ich bin satt des Brandopfers von Widdern und des Fettes von Mastkälbern und habe kein Gefallen am Blut der Stiere, der Lämmer und Böcke. Wenn ihr kommt, zu erscheinen vor mir – wer fordert denn von euch, daß ihr meinen Vorhof zertretet? Bringt nicht mehr dar so vergebliche Speisopfer! Das Räucherwerk ist mir ein Greuel! Neumonde und Sabbate, wenn ihr zusammenkommt, Frevel und Festversammlung mag ich nicht! Meine Seele ist feind euren Neumonden und Jahresfesten; sie sind mir eine Last, ich bin's müde, sie zu tragen. Und wenn ihr auch eure Hände ausbreitet, verberge ich doch meine Augen vor euch; und wenn ihr auch viel betet, höre ich euch doch nicht; denn eure Hände sind voll Blut. Wascht euch, reinigt euch, tut eure bösen Taten aus meinen Augen, laßt ab vom Bösen! Lernet Gutes tun, trachtet nach Recht, helft den Unterdrückten, verschaffet den Waisen Recht, führet der Witwen Sache! Jesaja 1,10–17

Wenn du deine Gabe auf dem Altar opferst und wirst allda eingedenk, daß dein Bruder etwas wider dich habe, so laß allda vor dem Altar deine Gabe und gehe zuvor hin und versöhne dich mit deinem Bruder und alsdann komm und opfre deine Gabe. Matthäus 5,23–24

Die Frage nach dem nicht erhörten Gebet kann auch noch von einer ganz anderen Seite aus betrachtet werden. Im vorausgegangenen Kapitel haben wir das Problem des nicht erhörten Gebetes mit einer sehr schwierigen Grundfrage des geistlichen Lebens in Verbindung gebracht. Nicht selten aber weist die ausbleibende Gebetserhörung in eine andere Richtung: Die Sünde steht der Erhörung des Gebetes im Wege. Nicht daß die Gebetserhörung von der Sündlosigkeit des Betenden abhinge; dann würde wohl kein Mensch mit der Hoffnung, erhört zu werden, beten können. Aber es ist nicht gut denkbar, daß ein Mensch, der in tiefer Sünde lebt, vielleicht sogar bewußt daran festzuhalten gedenkt, von Gott empfängt, was sein Herz begehrt. Mit anderen Worten: Zum ernstlichen Gebet gehört, daß ich ernstlich in der Heiligung stehe.

Damit wir uns an dieser Stelle nicht mißverstehen: Heiligung soll nicht, wie oft fälschlich angenommen wird, bedeuten, daß ein Mensch sich abquält, ein ordentlicher Christ zu werden, der den Forderungen Gottes genügt. Heiligung ist etwas anderes als Willensanstrengung und Selbstdisziplinierung. Nehmen wir das Wort Heiligung wörtlich, dann ist Heiligung etwas, das mir widerfährt. Subjekt der Heiligung bin gerade nicht ich, sondern Gott, sein heiliger Geist, ich bin durch und durch Objekt. Mir kommt es zu, daß ich mir Gottes Wirken gefallen lasse und mich ihm nicht widersetze. Gott zieht mich in seine Heiligkeit hinein, indem er das von mir nimmt, was zu seiner Heiligkeit nicht paßt. Wem ernstlich daran liegt, daß sich dieser Prozeß an ihm und in ihm vollzieht, der steht auch in der Heiligung.

Beten und Sündigen verträgt sich nicht. Jedes Gebet ist ein Schritt auf Gott zu, jede Sünde ein Schritt von ihm weg. Gebet ist nicht denkbar ohne Vertrauen, Sünde aber ist in ihrem Kern immer Mißtrauen gegen Gott. Es ist kein Zufall, daß das diesem Abschnitt vorangestellte Jesajawort gerade das gottesdienstliche Beten der Israeliten scharf angreift. Das Auseinanderklaffen von Gebet und Heiligung ist da besonders oft zu beobachten, wo das Gebet festen, geordneten Formen gehorcht. Das liturgische Beten im Gottesdienst, ja, der ganze Gottesdienst hat in sich die Tendenz, sich vom alltäglichen Leben zu lösen. Er verselbständigt sich, und der Gehorsam gegen Gott bleibt auf der Strecke. Dabei kann es sein, daß der Gottesdienst mit großer Inbrunst und mit großem Aufwand gefeiert wird. Das Beste ist für Gott gerade gut genug. Die Opfer sind reichlich, die Räume von faszinierender Großartigkeit, die Gewänder der Amtsträger fleckenlos und glänzend, und die Kirchentöne stimmen ganz genau. Wenn aber doch einmal etwas nicht stimmt, sind Ärger und Aufregung groß, und mit bewundernswertem Einsatz müht man sich darum, daß wieder alles stimmt. Aber gleichzeitig wächst das Mißverhältnis: So sehr man sich über einen falschen Ton in der gottesdienstlichen Musik ereifert, so teilnahmslos reagiert man auf die schlimmsten Verfehlungen in der Gemeinde. Da können die häßlichsten Dinge geschehen, es ist alles entschuldbar, wenn nur die Töne stimmen.

Aber auch für das geordnete Beten in Gestalt geregelter Meditation gilt diese Beobachtung. So mancher müht sich mit großem Eifer um die rechte Sitzhaltung, liest entsprechende Bücher, besucht Meditationskurse und Exerzitien, nimmt den Rat eines persönlichen Lehrers an und beweist in allen diesen Dingen Treue und Regelmäßigkeit, aber nach seiner persönlichen Lebensführung und nach seinem Verhältnis zu den Menschen seiner Umgebung darf man nicht fragen.

Wir können uns nicht teilen. Gott kennt die Hände, die wir zum Beten erheben oder falten. Er weiß, wen diese Hände hart angefaßt, vielleicht sogar geschlagen haben. Er weiß, was diese Hände widerrechtlich fortgenommen haben. Er weiß, welche abweisenden Gebärden sie eben noch geformt haben und womöglich gleich wieder formen werden. Er weiß, in welchen Augenblicken sich diese Hand zur Faust geballt hat. Und er weiß auch, wo sich diese Hände in unfreier Sorge ineinandergekrampft haben. Gott kennt den Mund und die Stimme, die da nach ihm ruft. Er weiß, wievielen Lügen wir dieses Werkzeug bereitwillig zur Verfügung gestellt haben. Er weiß, wievieler Unaufrichtigkeit unsere Stimme den Klang verliehen hat. Er weiß, wie oft wir aus unserer Stimme eine verletzende Waffe gemacht haben, und er kennt die unvernarbten Wunden, die dadurch entstanden sind. Gott kennt schließlich das Herz, das sich da vor ihm ausschüttet. Er weiß, was sich in seinen hintersten Winkeln verbirgt. Er weiß, welche sorgenvollen Gedanken es gebiert und nährt. Wir können Gott nichts vormachen. Wohl ist es so, daß wir uns eigenartig fromm fühlen, sobald wir zu beten beginnen, aber wir können Raum und Zeit des Gebets nicht hermetisch gegen das abschließen, was uns sonst erfüllt. Unser Beten ist nie anders, als wir sind.

Die gleichen Überlegungen sind im Blick auf die Bitten, die wir vor Gott bringen, anzustellen. Welche Verheißung hat es, wenn ich vor einer Autofahrt um Gottes Schutz für meine Reise bete, um anschließend mit deutlich überhöhter Geschwindigkeit durch die Ortschaften zu rasen, mich und andere gefährdend? Ein anderer betet um Gesundung und denkt nicht einen Augenblick daran, seinen selbstverschuldeten, krankmachenden Lebensstil einschneidend zu ändern und beispielsweise auf gesundheitsschädigende Genußmittel zu verzichten. Wieder ein anderer betet rührselig für alle Armen dieser Erde und ist dabei ein Geizknochen, der für die Armen weder Geld noch Zeit übrig hat. Schließlich betet jemand treu um eine Erweckung der toten Gemeinde und greift selbst zu geistlichen Schlafmitteln aller Art (wir haben früher von diesen Betäubungsmitteln gesprochen, s. Seite 23), so daß er mit all seinem Verlangen nach Erweckung in geistlichem Todesschlaf bleibt. Was soll Gott denn zu solchen Gebeten sagen? Was soll er denn anderes machen als traurig sein und zürnen?

Aber hier kommt es mitunter zu den schlimmsten Verblendungen. Ein Mensch meint, er sei errettet und läßt keine Gelegenheit aus, Gott dafür zu danken; wer aber genauer die Wirklichkeit seines Lebens betrachtet, der stellt erschüttert fest, wie wenig dieses Leben erlöst ist und wie es unter dem Zorn Gottes steht. Und kein tiefgefühltes „Herr, erbarme dich!" kommt über die Lippen dieses Frommen! Es ist nicht gut, wenn wir uns den Zorn Gottes, von dem die Bibel ja sehr oft spricht, allzu menschlich vorstellen. Gott gleicht nicht einem irdischen Vater, der angesichts der kleineren oder größeren Bosheiten seiner Kinder irgendwann die Geduld verliert und dann in einer Aufwallung ungezügelten Zornes dazwischenschlägt. Gott ist auch nicht launisch, so daß er an manchen Tagen sehr rasch gereizt reagiert und an anderen Tagen eine Engelsgeduld beweist. Aber es gibt etwas, das viel schlimmer ist als eine Zornesaufwallung nach menschlicher Weise: wenn Gott unserem Begehren sein Ja versagt, wenn sein Nein über unserem Leben steht. Wenn wir uns drehen und wenden können, wie wir wollen, und von allen Seiten tönt uns eine ablehnende Botschaft entgegen. Dann steht uns Gott buchstäblich im Wege. Was uns eigentlich helfen könnte und sollte, wird uns zum Hindernis. Was uns erfreuen könnte und sollte, wird uns zur Quelle des Leidens, und was uns eigentlich frei machen sollte, wird uns zur schrecklichen Fessel, von der wir nicht eher loskommen, als bis wir umkehren von unserem bösen Weg.

Von besonderer Bedeutung ist in diesem Zusammenhang die Notwendigkeit, daß wir nicht unversöhnt mit unserem Beten beginnen. Was Jesus in der Bergpredigt im Blick auf das Opfer des mit seinem Bruder nicht versöhnten Menschen sagt, darf sicher auch auf sein Beten angewandt werden. Im Zustand unversöhnlicher Feindschaft mit einem Menschen vor Gott treten ist ein Widersinn in sich selbst.

Es ist traurig, daß es auch unter Christen soviel heimlichen oder auch offenen Streit gibt. Warum steht die Unversöhnlichkeit dem Gebet so entgegen? All unser Beten, worum auch immer es im einzelnen gehen mag, ist Verlangen nach der Liebe Gottes. Was auch immer wir gerade erbitten, es ist ein Zeichen der Liebe Gottes. Gottes Liebe aber ist, wie wir schon früher (Seite 69) feststellten, unparteiisch. „Er läßt seine Sonne aufgehen über die Bösen und über die Guten und läßt regnen über Gerechte und Ungerechte" (Matthäus 5,45). Gottes Liebe ist ungeteilt und unteilbar. Die gleiche Sonne, die mich bescheint, bescheint auch meinen Bruder, ob er mir nun sympathisch ist oder nicht. Der Regen, der über dem Feld des einen niedergeht, tränkt auch den Acker seines Todfeindes. Wer nicht zur Versöhnung bereit ist, vollzieht an der Stelle, wo Gott verbinden möchte, eine Trennung. Er teilt, was nicht zu teilen ist. Ich kann nicht um die unteilbare Liebe Gottes bitten und gleichzeitig das Teilen verweigern.

Die Bereitschaft zur Versöhnung ist ein Prüfstein für die Ernsthaftigkeit meines Betens. Kann ich den Weg zu dem Bruder, mit dem ich zerstritten bin, nicht finden, darf ich nicht hoffen, den Weg zu Gott zu finden.

Wenn die Bibel von Versöhnung spricht, dann meint sie nicht feige Unterwerfung. Die Bibel liebt die Auseinandersetzung und moralisiert den Streit nicht. Aber sie kämpft darum, daß aus dem Streit nicht endgültige Trennung wird. So dürfen wir also die Notwendigkeit der Versöhnung auch nicht als eine moralische Forderung mißverstehen. Wir wissen heute, daß die meisten Streitigkeiten nur Ausdruck einer zerstrittenen, mit sich selbst zerfallenen Seele sind. Was der Mensch in sich selbst nicht zu dulden vermag, das wird er auch außerhalb seiner selbst angreifen. So zerstritten ich in mir selbst bin, so zerstritten bin ich auch mit meiner Umgebung. Daher kommt es, daß um manche Menschen immer Streit ist. Man kann sie hinschicken, wohin man will: nach kurzer Zeit leben sie mit ihrer neuen Umgebung im Kriegszustand. Solche Not wird nicht durch eine Friedenswilligkeit überwunden, die an den wahren Ursachen des Streites vorbeigeht. Echte Überwindung fängt da an, wo ein Mensch damit ernst macht, daß Gottes Liebe ihm ungeteilt gilt. Gott ist in seinem Lieben nicht wählerisch. Es ist wirklich nicht so, daß er einige meiner Eigenschaften liebt und andere nicht. Es ist nicht so, daß er sich an den lichten Seiten meines Wesens erfreut, um sich von der Nachtseite meiner Person abzuwenden. Gottes Liebe teilt mich nicht ein in Liebenswertes und Verabscheuenswürdiges. Damit beginnt die Versöhnung in mir. Wer so in sich selbst versöhnt ist, der kann auch die Menschheit nicht mehr einteilen in Liebenswürdige und Verabscheuenswürdige. Die unparteiische Liebe Gottes, die die Einheit und Ganzheit der eigenen Person konstituiert, gibt auch der Menschheit Einheit und Ganzheit. Sie bahnt auch den Weg zu dem Bruder, mit dem ich im Streit lebe, und verbindet, was unsere Wertsysteme getrennt haben.

Das Ziel ist hoch, und manchen mag es abschrecken. Aber nicht dies hindert unser Gebet, daß wir noch so weit von dem großen Ziel entfernt sind. Was unserem Gebet die Erhörung versagt, ist, daß wir am Ziel vorbeischauen oder ihm gar entschlossen den Rücken zugekehrt haben. Es schadet nichts, wenn wir vom Ziel noch weit entfernt sind, wenn wir es nur fest ins Auge gefaßt haben.

14. In Gemeinschaft beten

Und Jesus ging in den Tempel hinein und trieb heraus alle Verkäufer und Käufer im Tempel und stieß um der Wechsler Tische und die Stühle der Taubenkrämer und sprach zu ihnen: Es steht geschrieben (Jesaja 56,7): „Mein Haus soll ein Bethaus heißen"; ihr aber macht eine Räuberhöhle daraus. Matthäus 21,12–13

In den vorangegangenen Kapiteln haben wir im allgemeinen den einzelnen Beter vor Augen gehabt, das Gebet „im stillen Kämmerlein", wie wir es mit den Worten der Bergpredigt (Matthäus 6,6) formulieren könnten. In diesem Kapitel wollen wir nun über zwei Grundformen gemeinschaftlichen Betens sprechen: Das Gebet der zum Gottesdienst versammelten Gemeinde und das freie Beten in Gebetsgemeinschaften.

Im Blick auf den Tempel sagt Jesus, ein Jesajawort aufgreifend: Gottes Haus soll ein Bethaus sein. Das heißt erst einmal, daß Kirchen und andere gottesdienstliche Räume gerade von dieser Sinnbestimmung her zu verstehen sind. Es muß Orte geben, die in besonderer Weise zum Gebet einladen, und zu diesem Zweck bauen wir Kirchen und Kapellen. Sicher ist dies nicht so gemeint, daß damit alles andere ausgeschlossen ist. Kirchenräume dienen auch der Predigt und der Feier von Taufe und Abendmahl. Aber daß eine Kirche ein Ort der Anbetung ist, darf jedenfalls nicht vergessen werden.

Wir brauchen solche Orte, und wir brauchen sie in unserer lärmerfüllten Zeit mehr denn je. Es ist traurig, daß diese Bedeutung des gottesdienstlichen Raumes oft schon deshalb wenig in Erscheinung tritt, weil zumindest die evangelischen Kirchen üblicherweise außerhalb der Gottesdienstzeiten geschlossen sind. Die oft zu hörende Begründung – Schutz wertvoller Kunstgegenstände gegen Diebstahl – ist ein Argument, das ebenso verständlich wie widersinnig ist. Sind doch beispielsweise die kostbaren Altäre gerade dazu geschaffen, daß sie zum Gebet einladen und das Gebet fördern! Traurig ist auch, daß die innenarchitektonische Gestaltung vieler Kirchen dem Beter nicht entgegenkommt – im Gegenteil. Welche Bedeutung haben Kirchen, wenn sie für den ruhesuchenden Menschen unserer Zeit wirklich eine Oase der Stille sind!

„Ihr aber macht eine Räuberhöhle daraus". Mit diesen Worten geißelt Jesus Entartung und Verfall. Aus dem Bethaus ist ein Zufluchtsort für Verbrecher geworden. Im Johannesevangelium (2,16) erscheint als Gegenbegriff der Ausdruck „Kaufhaus" oder „Warenhaus". Was vielen Menschen hierzu als erstes einfällt, sind die großen Kirchen, die den ganzen Tag vom Lärm schaulustiger Touristen erfüllt sind. Sie machen aus der Kirche ein Museum und vergällen dem Beter den stillen Aufenthalt. Oft wird dann auch tatsächlich gekauft und verkauft: Ansichtskarten, Dias, Kunstführer, Reiseandenken und was dergleichen mehr ist. Eine Einladung zur Tempelreinigung!

Aber es ging Jesus um mehr als nur um die für das Gebet so notwendige Stille. Jesus hätte sich doch nicht zufrieden gegeben, wenn die Geschäftsleute ihre Waren im Tempelvorhof (nicht im Gebäude selbst!) im Flüsterton an den Mann gebracht hätten. Mit dem Geschäft kommt etwas in das Heiligtum, was dem „Bethaus" wesensmäßig zuwider ist. Mit den Geschäftsleuten kommt der berechnende Geist des Haben-Wollens, der Geist, der ganz und gar besetzt ist von der einen Frage: Was habe ich davon? Es ist der Geist des Handelns und Feilschens, der Geist der Zahlen und des Betrugs. Dieser Geist aber steht im Widerspruch zum Geist des Bethauses. Das Gebet verdirbt, wenn es zum Feilschen wird, es verdirbt, wenn die berechnende Frage „Was habe ich davon?" alles regiert. Im Gebet geht es nicht um das Zählbare, sondern um das, was unzählbar ist. Darum müssen die Kaufleute verschwinden. Sie müssen den Tempel verlassen. Aber nicht nur im Tempel soll ihnen der Zutritt verwehrt sein. Aus dem Herzen der Beter muß der Krämergeist verschwinden, denn wer im Gebet zu Gott kommt, kommt nicht zu einem ängstlich auf seinen Vorteil bedachten Käufer oder Verkäufer, sondern zu dem, der die Fülle ist und der diese seine Fülle an alle verschwendet, die ihn anrufen. Gott stellt keine Rechnungen aus, und darum muß unser Gebet von aller berechnenden Kaufmannsklugheit freigehalten werden.

Im Gottesdienst beten wir in Gemeinschaft. Mein kleines Ich mit seinen kleinen Freuden und Sorgen geht auf im größeren Ganzen der Gemeinde. Mein Ich verbindet sich mit dem Ich vieler Brüder und Schwestern zum Wir, und auf dieses Wir kommt es an. Manchen Menschen wird bei diesem Wir unheimlich. Soll unser Ich in der Masse der Gemeindeglieder verschwinden? Ist es so wenig wert?

Das Wir, von dem hier zu sprechen ist, muß sorgfältig geschützt werden gegen die Verwechslung mit einem anderen dreibuchstabigen Wort, dem Wort „man". Mein Ich soll nicht etwa in der Anonymität und Beziehungslosigkeit einer Menschenmasse aufgehen. Es soll *seine* Stimme singen, aber es soll sie singen im vielstimmigen Chor. Ein Größeres, Reicheres soll entstehen. Die bescheideneren Möglichkeiten der Einzelstimme sollen aufgehoben sein in den reicheren Möglichkeiten, die sich da auftun, wo die Vielen eines werden, wo sie ihr Sehnen konzentrieren in einem gemeinsamen Gebet.

Im Beten der Gemeinde steht also nicht das gleichsam private Schicksal eines Einzelnen im Vordergrund, sondern das, was wir als Menschen, als Christen gemeinsam haben. Was ich mit allen Menschen teile, daraus wird ein gemeinsames Gebet. Ich spüre, daß ich in dem, was ich erlebe und erleide, an meinem Teil das Schicksal der ganzen Menschheit erleide. Ich lerne mein Leiden neu begreifen. Es ist nun nicht mehr das Ergebnis unglücklicher Umstände in meiner Lebensgeschichte (die eigentlich ganz anders hätte verlaufen müssen!), sondern etwas, das mit dem Menschsein selbst und also auch mit meinem Menschsein notwendig gegeben ist. Nicht einzelne Menschen, Strukturen, Verhältnisse sind es, die mir (natürlich ungerechterweise!) das Leben schwer machen, sondern das Leben selbst ist es, das schwer ist und das mir das Leben schwer macht. Sich dieser Einsicht, die gerade im gemeinsamen Beten reift, nicht widersetzen, sondern sie zulassen, heißt frei werden.

Vielen Menschen erscheint es als Hindernis für ihr Beten, daß gottesdienstliche Gebete im allgemeinen formuliert sind. Wie kann ich bei den oft seltsam fremdartig klingenden Formeln von Herzen mitbeten? Die Schwierigkeit liegt oft schon in der Sprache. Denken wir nur an die sogenannten Kollektengebete. „Herr Gott, himmlischer Vater, der du heiligen Mut, guten Rat und rechte Werke schaffest: gib deinen Dienern Frieden, den die Welt nicht geben kann, auf daß unsere Herzen an deinen Geboten hangen und wir unsere Zeit durch deinen Schutz sicher vor Feinden leben mögen. Durch unsern Herrn Jesum Christum, deinen Sohn, der mit dir und dem Heiligen Geiste lebet und regieret von Ewigkeit zu Ewigkeit." Es ist ein Akt der Barmherzigkeit, wenn wir in unseren gottesdienstlichen Gebeten auf eine einfache Sprache dringen und jede unnötige Kompliziertheit in Satzbau und Wortwahl vermeiden. Und doch ist damit das eigentliche Problem der vorformulierten Gebete noch gar nicht berührt. Es kann sein, daß der Text eines Gebetes wirklich schlicht ist, und trotzdem kommt es nicht zu einem herzlichen Mitbeten der Gemeinde. Warum? Weil der Liturg seine Gebete oft einfach nur herunterliest. Wenn der Liturg in seiner Rolle als Vorbeter nicht wirklich gegenwärtig ist, wenn er nicht wach und gesammelt ist in dem Wort, das er vor der Gemeinde und für die Gemeinde spricht, dann nützt auch eine gefällige, im guten Sinn des Wortes moderne Sprache nichts. Hier machen es sich die meisten Liturgen zu leicht. Wie soll sich die Gemeinde auf ein Gebet konzentrieren, wenn der Vorbeter selbst zerstreut ist?

Kritik entzündet sich auch an der für das gottesdienstliche Beten typischen Neigung zur Wiederholung, an dem „vielen Amen und Halleluja", wie es eine einfache Gottesdienstbesucherin treffend feststellte. Sie bevorzugte aus eben diesem Grund den Gottesdienst der Reformierten, obwohl sie selbst der lutherischen Kirche angehörte. Bestimmte Stücke der Liturgie kehren immer wieder: das Kyrie („Herr, erbarme dich!"), das „Ehre sei dem Vater . . ." sowie das sogenannte „Große Gloria" (Ehre sei Gott in der Höhe"), das „Sanctus" („Heilig, heilig, heilig . . .") und das „Agnus Dei" („Christe, du Lamm Gottes . . .").

Noch auffälliger ist das Moment der Wiederholung in den Gebetsgottesdiensten, dem sogenannten „Stundengebet" oder dem „Gebet der Tageszeiten", wie es auch genannt wird. Menschen, die es regelmäßig halten (und das heißt drei- oder gar viermal am Tag) stehen bald unter dem Eindruck, daß die Wiederholung bestimmter Stücke Verdruß und vielleicht sogar Überdruß bereitet. Texte und Melodien wirken monoton. Die

Andacht ist schlichtweg langweilig. Es fehlt der Reiz des Neuen.

Das stimmt. Wer den Reiz des Neuen sucht, kommt in den überlieferten Liturgien nicht auf seine Kosten. Was aber zunächst als Schwäche des liturgisch geordneten Betens erscheint, ist in Wahrheit seine Stärke. Wer regelmäßig den Gottesdienst oder das Stundengebet besucht, kennt den Ablauf bald auswendig. Er braucht sich nicht mehr zu konzentrieren. Er braucht nicht mehr zu überlegen, was jetzt kommt. Er ist ganz zu Hause im Ablauf des liturgischen Geschehens. Er hat das Gefühl, daß er fast ohne Aufpassen mitsingen und mitbeten kann. Vielleicht erschrickt er darüber. Das Beten scheint etwas Mechanisches geworden zu sein. Wie kann mechanisches Beten im Sinne Gottes sein? Was hat solches Beten zu tun mit dem hohen Ziel, daß wir Gott im Geist und in der Wahrheit anbeten sollen? Es ist gut, wenn wir bei der Beobachtung, daß das Gebet beinah von alleine in uns zustandekommt, nicht stehenbleiben. Vor allem wollen wir das, was wir da entdecken, nicht zu schnell abwerten. Wenn ich immer wieder überlegen muß „Was kommt jetzt?" oder fragen muß „Wie ist das und das gemeint?", bin ich doch im Grunde genommen zerstreut. Wenn ich die Abläufe und die Texte auswendig kann, dann ist die erste Voraussetzung dafür geschaffen, daß das Gebet zu etwas Inwendigem wird. Wenn ich auf das Äußere nicht mehr achten muß, bin ich frei, mich ganz dem Inneren zuzuwenden. Ich bin vor allem frei, lauschend zu beten, und das ist gut. Ich muß das Gebet nicht mehr machen, sondern ich kann es kommen lassen. Indem ich Wort und Ton kommen lasse, kann ich dem Geheimnis nachspüren, daß doch eigentlich nicht ich bete, sondern Christus in mir und durch mich hindurch! Der Weg der Wiederholung ist der Weg der Verinnerlichung und Vertiefung. Und: einen anderen, einen besseren Weg gibt es nicht.

Zu den besonderen Formen des gemeinschaftlichen Betens im Gottesdienst gehört auch das Kirchenlied. Unser Gesangbuch ist immer auch ein Gebetbuch der Gemeinde. Es wäre gewaltsam, dies auf alle Lieder unserer Gesangbücher ausdehnen zu wollen. Es gibt auch Verkündigungslieder, Lieder erzählenden, belehrenden oder bekennenden Charakters. Aber für einen großen Teil unserer Gesangbuchlieder gilt, daß sie gesungene Gebete sind. So ist das Singen der zum Gottesdienst versammelten Gemeinde immer auch so etwas wie eine kleine Gebetsschule. Freilich hat das in Liedform gesungene Gebet auch seine Gefahren. Es gibt Lieder die sich zu leicht singen, die sich mit ihrem Wort und ihrer Melodie einschmeicheln und zur Oberflächlichkeit verführen. Die sperrigen Lieder sind oft auch die wertvollsten! Am schlimmsten ist die gedankenlose Heuchelei beim Singen. Wehe uns, wenn offenbar wird, wo wir eigentlich sind, während wir singen! Da singt eine Gemeinde mit wohlklingenden Stimmen und prächtiger Orgelbegleitung:

> Weg mit allen Schätzen,
> du bist mein Ergötzen,
> Jesu, meine Lust!
> Weg, ihr eitlen Ehren,
> ich mag euch nicht hören,
> bleibt mir unbewußt!
> Gute Nacht, du Stolz und Pracht!
> Dir sei ganz, o Lasterleben,
> gute Nacht gegeben.

Die Worte sind klar – aber wo ist das Herz derer, die da singen? Gerade zum als Lied gesungenen Gebet gehören Zucht und Konzentration.

Neben dem gottesdienstlichen Gebet steht die Übung der Gebetsgemeinschaft, wie sie vor allem in pietistisch geprägten Gemeinschaften und Kreisen Brauch ist. In freigewählter Formulierung bringen einzelne Glieder, sich im Sprechen abwechselnd, die Anliegen der Gemeinschaft vor Gott. Auch diese Form ist wirklich gemeinschaftliches Beten, trägt aber der Individualität und Originalität des Einzelnen ganz anders Rechnung als das liturgisch gebundene Beten. Hier ist Raum für persönliche Eingebungen und persönlichen Stil.

Eine solche Gebetsgemeinschaft kann ein beglückendes Erlebnis sein. Es ist schön, wenn zwei (oder mehr) Menschen eins werden in ihrem Gebet. Solche Gebetsgemeinschaft erwächst als reife Frucht aus einer Begegnung, die durch zunehmende Offenheit und durch ein großes wechselseitiges Vertrauen zueinander entsteht. Es ist die schönste Weise liebevollen Austausches, wenn Menschen sich so gegenseitig Anteil geben an ihrem Glauben und Beten. Da erfüllt sich Jesu Wort (Matthäus 18,19–20): „Wenn zwei unter euch eins werden auf Erden, worum sie bitten wollen, das soll ihnen widerfahren von meinem Vater im Himmel. Denn wo zwei oder drei versammelt sind in meinem Namen, da bin ich mitten unter ihnen." Es gibt auch Gebetsgemeinschaften, die von solcher Erfahrung weit entfernt sind. Vermutlich wird mancher unter den Lesern, die diese Übung aus irgendeinem Kreis kennen, auch die Erinnerung an unangenehme Erfahrungen in sich tragen. Vielleicht sind die ärgerlichen Erlebnisse sogar so stark, daß sie die Vorstellung von Gebetsgemeinschaft gänzlich bestimmen. Manche Gebetsgemeinschaften sind reich an Peinlichkeiten und Taktlosigkeiten. Manches Gebet ist in Formeln erstarrt, obwohl es doch gerade ein freies Gebet sein sollte. Andere Gebete klingen verklemmt, weil die Angst vor den Mitbetern das Gebet zerstört. Ähnlich ist es, wenn der Wunsch, den Mitbetern zu imponieren, die Wahl der Worte und der Anliegen bestimmt. Ganz schlimm ist es, wenn Gebete verkappte Predigten sind. Zur Gebetsgemeinschaft gehört eine unerbittliche Hygiene, die sich gegen jede aufkommende Unaufrichtigkeit wendet, wenn anders die Gebetsgemeinschaft gelingen soll.

In der Gebetsgemeinschaft erfährt eine Gruppe allemal, wo sie wirklich steht. Alles Mißtrauen und alle Unaufrichtigkeit, die innerhalb der Gruppe den Umgang der Brüder und Schwestern miteinander bestimmen, vergiften garantiert auch die Gebetsgemeinschaft. Jede Erfahrung wachsenden wechselseitigen Vertrauens dagegen läßt die Gebetsgemeinschaft gesunden. Gemeinsam beten heißt im Grunde genommen soviel wie miteinander nackt vor Gott stehen. Unverhülltsein aber ist nur da auszuhalten, wo Liebe und Vertrauen regieren.

15. Ohne Unterlaß beten

Seid allezeit fröhlich. Betet ohne Unterlaß, seid dankbar in allen Dingen; denn das ist der Wille Gottes in Christus Jesus an euch.

1. Thessalonicher 5,16–18

Schon viele Bibelleser sind über diese Worte des Apostels gestolpert. Unablässig beten – wie soll das angehen? Ich glaube, ich war noch nicht konfirmiert, als ich in einer Morgenandacht, an der eine ganze Reihe angehender Theologen teilnahm, die Frage stellte, ob Paulus denn im Ernst der Meinung sei, daß die Thessalonicher pausenlos beten sollten. Ich bekam zur Antwort, die Mahnung „Betet ohne Unterlaß!" bedeute: „Betet, ohne das regelmäßige Gebet zu unterlassen!" Das klang sehr geistvoll, und ich war leider noch zu klein, um die Gegenfrage zu stellen, warum Paulus das denn so undeutlich gesagt habe. Schließlich sagt ja auch keine Mutter, die ihre Kinder zum regelmäßigen Händewaschen anhalten möchte, zu ihnen: „Wascht euch unablässig die Hände." Ich war auch noch zu klein, um zu bemerken, daß die gegebene Antwort dem Text den Zündstoff genommen hatte. Die Munition war entschärft.

Aber ich war auch nicht der erste, der so fragte. Als mir viele Jahre später die „Aufrichtigen Erzählungen eines russischen Pilgers" in die Hände kamen, fielen mir sofort meine eigenen Erfahrungen mit dem Pauluswort ein. Der „russische Pilger" ist ein frommer Mann aus dem zaristischen Rußland des vorigen Jahrhunderts, der als Pilger durch das Land zog. Er hat seine Lebensgeschichte dem Abt eines Klosters, das er besuchte, erzählt. Dieser hat den Bericht aufschreiben lassen, und so kam es schließlich zur Veröffentlichung der inzwischen in viele Sprachen übersetzten „Aufrichtigen Erzählungen eines russischen Pilgers". Dieser Mann also, von dem wir nicht einmal den Namen wissen, berichtet gleich zu Beginn seiner Lebensgeschichte Folgendes: „In der vierundzwanzigsten Woche nach dem Fest der Dreifaltigkeit kam ich in eine Kirche zur Messe,

um dort zu beten; gelesen wurde aus der Epistel an die Thessalonicher im fünften Kapitel der siebzehnte Vers; der lautet: *Betet
ohne Unterlaß*. Dieses Wort prägte sich mir besonders ein, und
ich begann darüber nachzudenken, wie man wohl ohne Unterlaß beten könne, wenn doch ein jeder Mensch auch andere
Dinge verrichten muß, um sein Leben zu erhalten."

Genau dies ist die Frage. Will das Pauluswort wörtlich genommen sein? Von dieser Frage umgetrieben, suchte der russische Pilger überall bei frommen und erfahrenen Menschen Aus-
kunft und Belehrung. Aber lange suchte er vergeblich, und das
war schwerlich ein Zufall. Damals wie heute bringen nur wenige den Mut auf, Paulus beim Wort zu nehmen und so lange nach
dem unablässigen Gebet zu suchen, bis sie einen Zugang dazu
gewonnen haben, so daß sie dann selbst auf Grund eigener
Erfahrung auch andere unterweisen können.

Was Paulus hier meint, muß jedenfalls eine besondere Gestalt
des Gebetes sein. Denn so, wie wir normalerweise beten, läßt
sich das Gebet nicht unablässig fortsetzen. Würden wir es doch
versuchen, so würden wir bald merken, daß die Übung nach
kurzer Zeit quälend wird und daß sie uns wirkungsvoll an den
meisten anderen Geschäften hindert, zu denen uns Beruf und
Familie nötigen. Paulus denkt ja auch offenkundig nicht an eine
Gebetspraxis, die sich nur in einer abgelegenen Mönchszelle,
wo es keine Störung von außen mehr gibt, durchhalten ließe.
Jedenfalls gibt er den Thessalonichern keine Anweisung, die sie
aus ihren alltäglichen Beschäftigungen herausriefe. Im Gegenteil: Er ermahnt zur Arbeit (4,11)! Es muß sich demnach um eine
Praxis handeln, die sich mit allem Tun und mit allen Verrichtungen eines Menschen ungezwungen verbinden läßt. Eine kleine
Erfahrung aus unserem eigenen Alltag mag die Richtung andeu-
ten, in der wir die Antwort suchen müssen: Wir sind mit einer
Arbeit beschäftigt, die wir für einen Menschen tun, den wir sehr
lieb haben. Vielleicht haben wir mit ihm eine gemeinsame Ur-
laubszeit verbracht. Jetzt formen wir aus Aufzeichnungen, Erin-
nerungen und Bildern ein Tagebuch jener schönen Zeit. Wir
sind ganz bei der Sache, um das kleine Werk, das wir dem
geliebten Menschen bei nächster Gelegenheit schenken wollen,
so schön zu gestalten wie nur irgend möglich. Gleichzeitig sind
wir mit unserer liebevollen Aufmerksamkeit bei dem geliebten

Menschen, der – obwohl er gar nicht anwesend ist – unserer Liebe doch ganz gegenwärtig ist. Dabei hindert die Konzentration auf die Arbeit die Hingabe an den Geliebten nicht im geringsten, und umgekehrt wird die liebevolle Zuwendung zu diesem Menschen unsere Sorgfalt bei der Arbeit nicht einen Augenblick beeinträchtigen. Solcherart muß wohl auch das Gebet sein, das durch die alltäglichen Verrichtungen nicht gestört wird und seinerseits die Alltagsarbeit nicht in Mitleidenschaft zieht.

Es ist eine große und wichtige Aufgabe, die hier plötzlich vor unseren Augen steht: die Heiligung des Alltags. Unser Beten ist ja normalerweise an besondere Zeiten gebunden: Morgengebet, Abendgebet, Tischgebet, Gebet zur Eröffnung oder zum Beschluß christlicher Veranstaltungen, gottesdienstliches Gebet. Wie viele Christen klagen darüber, daß auch bei regelmäßiger Übung so wenig von unseren Gebetszeiten in den Alltag hinein ausstrahlt. Priester und Pastoren unterschiedlichster Prägung und Richtung sind sich darin einig, daß das Christsein nicht zu einer Sonn- und Feiertagsangelegenheit verkümmern darf. Viel Predigerschweiß wird vergossen, um den Gemeinden klar zu machen, daß all die geistvollen Wahrheiten, von denen die Predigt gesprochen hat, gerade im Alltag zu leben und zu bewähren sind: in den Fabriken und in den Büros, in den Wohnungen der Familien und in den Schulen, auf den Straßen und in den Geschäften. Das ist alles unendlich richtig, aber es hilft offenbar sehr wenig. Der Alltag auch der Frommen bleibt praktisch säkular und gottlos. Die gute Absicht wird vor allem da ihr Ziel verfehlen, wo die Heiligung des Alltags zum bloßen Postulat wird, zur nackten Forderung, zur Darstellung, wie es eigentlich sein müßte, ohne daß der Prediger zur Verwirklichung mehr zu sagen hat als die nicht gerade geistvolle Ermahnung, im Alltag zu den Mitmenschen freundlich zu sein. Wer wüßte das nicht und wer wollte das nicht? Aber das, was da eigentlich sein müßte, ist eben nicht und wird so auch nicht zustandekommen. Heiligung des Alltags verlangt nach dem Gebet im Alltag, und dies gilt es zu lehren.

Unser Alltag bleibt gottlos und damit im Grunde genommen auch sinnlos, wenn er nicht zum Raum einer Begegnung mit Gott wird. Die Erfahrung der Gegenwart Gottes in den alltäglichen Dingen ist das ersehnte Ziel. Gegenwart Gottes aber ist unendlich viel mehr als die Erfahrung von etwas Menschlichkeit und Rücksichtnahme und Nächstenfreundlichkeit. Wir wollen im folgenden von zwei Möglichkeiten, auf echte Gotteserfahrung im Alltag zuzuleben, sprechen. Dabei würde es den Rahmen dieses Büchleins sprengen, wenn wir diese Wege, die sich uns in Gestalt von zwei Personen darstellen sollen, bis in alle Einzelheiten ausmalen sollten. Einige Andeutungen müssen genügen.

Da ist einmal der schon genannte russische Pilger. Sein Fragen nach der rechten Deutung des Pauluswortes findet schließlich Antwort und Erfüllung in einer Belehrung, die er von einem frommen Starez, einem erfahrenen alten Einsiedler, empfängt. Dieser lehrt ihn das Herzensgebet. Es handelt sich dabei um eine Übung, die sich bis in das Mönchtum der alten Kirche zurückverfolgen läßt. Schon die Wüstenväter in der Zeit der Anfänge des Mönchtums haben sich darin geübt und haben ihre Schüler darin unterwiesen. Vor allem in den Kirchen des Ostens hat es sich ausgebreitet. Die Athosklöster auf der östlichen der drei Chalkidike-Halbinseln in Griechenland haben das Herzensgebet besonders gepflegt, und von dort hat es seinen Weg zur russischen Christenheit gefunden. In unseren Tagen haben sich auch in den westlichen Ländern viele Menschen auf den Weg des Herzensgebetes begeben. Angeregt durch die ergreifende Lektüre der „Aufrichtigen Erzählungen eines russichen Pilgers" haben sie alleine oder – in glücklicheren Fällen – unter Anleitung eines erfahrenen Seelsorgers und Meisters das Herzensgebet geübt. Was ist das Herzensgebet?

Herzensgebet wird es genannt, weil derjenige, der es betet, seine innere Aufmerksamkeit auf sein Herz richten soll. Die Gebetsformel, auf die wir gleich noch zu sprechen kommen müssen, soll nicht mit dem intellektuellen Kopfbewußtsein gesprochen werden, sondern in Fühlung mit der Herzgegend. Das Herz meint dabei nicht einfach ein Organ unseres Körpers, sondern die innere Mitte des Menschen, das Zentrum all seiner Verstandes-, Gefühls- und Willenskräfte, ja noch mehr, den Kern seiner Person, den Königsthron, auf dem Christus, dem dies Herz gehört, sitzt und herrscht. Die Einfühlung in den Herzbereich verbindet sich mit dem sorgfältigen Aufmerken auf den Atem, wie er kommt und geht. Im Rhythmus von Ausatmen – Atempause – Einatmen erlebt der aufmerksame Mensch mehr als nur einen physisch-chemischen Vorgang, der zur Erhaltung seines Lebens unabdingbar dazugehört. In diesem Rhythmus erlebt er die grundlegende Polarität des Lebens im Wechsel von Annehmen und Abgeben, von Zunehmen und Abnehmen, von Aufleben und In-sich-Zusammensinken. Er erfährt, daß er mehr als nur das einatmet, was eine chemische Analyse der zugeführten Luft erbringen würde. Im Einatmen empfange ich mein Leben, empfange ich Kraft, Friede, Freude; im Ausatmen lasse ich das Empfangene los, lasse es durch mich hindurchgehen, gebe es weiter.

Mit dieser betont leiblichen Aufmerksamkeit, in der sich die üblichen rationalen und willentlichen Kopffixierungen auflösen können, verbindet sich dann der Gebrauch einer Gebetsformel, deren Grundbestandteile verschiedenen neutestamentlichen Worten entnommen sind: „Herr Jesus Christus, du Sohn des lebendigen Gottes, erbarme dich meiner!" Die Formel darf auch gekürzt werden. Es sind auch ganz andere Formulierungen möglich, wiewohl die hier zitierte immerhin dies für sich hat, daß sie die überall in der Ostkirche verbreitete Elementarform ist, ja, man möchte sogar sagen, sie hat in gewissem Grade ökumenischen Charakter bekommen, und das ist ja auch ein hoch zu schätzender Wert. Immerhin, Veränderungen sind zulässig, nur von einem ständigen Wechsel der gebrauchten Formel wird aus guten Gründen abgeraten.

Die Gebetsformel wird rhythmisch auf die Einatem- und die Ausatemphase verteilt und so mit der fortdauernden Atmung unablässig wiederholt. Dabei wird der Anfänger sich zunächst nur kürzere Zeiteinheiten vornehmen, die er aber verlängern kann in dem Maße, als das Jesusgebet, wie das Herzensgebet auch oft genannt wird, in ihm Wurzel schlägt. Viele Menschen machen auf diesem Weg nach einiger Zeit die Erfahrung, daß sich das Herzensgebet von alleine in ihnen regt, ohne daß sie es sich ausdrücklich vorgenommen haben.

Immer wieder ist zu beobachten, daß Menschen, die von solcher Übung hören, verständnislos den Kopf schütteln. Vielleicht spüren sie sogar einen massiven inneren Widerstand, wobei es vor allem die Wiederholung der Formel ist – diese wird ja bei, sagen wir, zehn Atemzügen in der Minute in einer Gebetsstunde nicht weniger als sechshundertmal wiederholt – die abstoßend wirkt. Die ständige Wiederholung erscheint einfach geistlos. Sie scheint auch dem einfachen Willen Jesu zu widersprechen, der doch das „Plappern wie die Heiden" ausdrücklich untersagt hat. Wir haben früher (Seite 46 ff.) ausführlich davon gesprochen. Wir wollen gegenüber solchen Fragen keine lange Verteidigung vorbringen. Dem Übenden, der sich ehrlich und ernstlich auf solche Praxis einläßt, werden sich viele Bedenken in kurzer Zeit von alleine zerstreuen. Ohne geübt zu haben sollte man jedoch von einer solchen Übung auch nicht sprechen, sich jedenfalls nicht zum Wissenden aufspielen, der befugt wäre, vor etwas zu warnen, das er kaum kennt. Wenn aber jemand doch in kritischer Distanz beharren und so zu einem Urteil kommen will, dann sollte er darauf achten, daß die Formel ihren Sinn ja vor allem darin hat, den sich so leicht zerstreuenden Gedanken einen Haftpunkt zu bieten, und nun nicht irgendeinen Haftpunkt, sondern einen solchen, der mit dem Kern des Evangeliums zu tun hat. Es geht also wahrhaftig nicht darum, Gott durch eine unablässig wiederholte Formel zu erweichen, bis er sich schließlich wirklich erbarmt, sondern darum, daß sich unsere vielfältigen Gedanken immer wieder um das Eine sammeln, das not ist: daß ich mich mit allem, was ich bin und habe, nach dem Erbarmen des Herrn ausstrecke, ohne das ich nicht einen einzigen Augenblick leben kann. Viele Menschen haben die Erfahrung gemacht, daß diese Gebetsform tatsächlich dazu hilft, daß uns das Bewußtsein der Gegenwart Gottes und das Gefühl für die eigene Erbarmungswürdigkeit in unserem Alltag nicht verloren geht.

Auch die zweite Gestalt aus der Geschichte der Kirche, die wir hier als Beispiel anführen wollen, gehört nicht gerade zu den in aller Welt bekannten großen Heiligen. Immerhin, in diesem Falle wissen wir wenigstens den Namen. Er hieß eigentlich Nikolaus Hermann, bekam aber, als er als Laienbruder in ein französisches Kloster eintrat, den Namen Bruder Lorenz, und unter diesem Namen ist er wenigstens unter Kennern und Liebhabern guter geistlicher Literatur bekannt. Bruder Lorenz lebte im 17. Jahrhundert. Er war kein großes Licht. Weder verfügte er über eine nennenswerte Bildung noch bewies er in den Tätigkeiten, die er vor seinem Eintritt in das Kloster ausübte (er war Soldat und Kammerdiener eines adligen Herrn), sonderliches Geschick. Dennoch ist er bis heute vielen Menschen zum Segen geworden. Vor allem der einfache Grundgedanke seines geistlichen Lebens – alles nur aus Liebe zu Gott zu tun – hat vielen Menschen zur Heiligung ihres Alltags geholfen. Er suchte den ständigen, liebevollen Umgang mit Gott, gerade auch in den profanen Geschäften, zu denen er im Kloster von seinen Oberen herangezogen wurde. Aber lassen wir ihn selbst zu Wort kommen:

„Man muß ganz einfältig mit Gott umgehen, frei und offenherzig mit Ihm reden und Seine Hilfe, wie man sie eben nötig hat, von Ihm begehren. Er versagt sie keinem Menschen. Ich habe es oft erfahren.

Vor wenigen Tagen wurde mir aufgetragen, nach Burgund zu reisen und den nötigen Wein zu kaufen. Dieser Auftrag war mir äußerst beschwerlich, einesteils, weil ich zu derlei Geschäften gar nicht tauge, anderteils, weil ich an einem Bein lahm bin, so daß ich im Schiff nicht gehen konnte, sondern über die Weinfässer hinkriechen mußte. Dessen ungeachtet war ich über das ganze Geschäft unbekümmert und sagte nur zum Herrn: ‚Das mußt Du machen!‘ Und dann fand ich, daß die Sache schon getan war, und zwar gut.

Voriges Jahr wurde ich in derselben Sache nach Auvergne gesandt, und ich kann nicht sagen, wie das Geschäft getan wurde; ich war es einmal nicht, der es tat, und doch fand es sich, daß es recht gut zustande gebracht wurde.

Auch in meiner Küche machte ich es nicht anders. Ich hatte von Natur die größte Abneigung gegen dieses Geschäft, nachdem ich mich aber gewöhnt hatte, alles dabei aus Liebe zu Gott zu tun und bei jeder Verrichtung Ihn um Seine Gnade und Seinen Beistand anzuflehen, ist mir die vierzehn Jahre lang, die ich in der Küche zubrachte, nichts schwergefallen.

Jetzt beschäftige ich mich mit Schuhflicken, und zwar mit viel Vergnügen. Ich bin aber bereit, auch diese wie jede andere Arbeit zu verlassen, indem ich mich in all meinem Tun und Lassen nur darüber freue, daß ich aus Liebe zu Gott etwas Weniges leisten kann.

Ich kenne keinen Unterschied zwischen der Zeit des Gebets und der übrigen Zeit. Ich halte zwar meine besonderen Gebetsstunden, wenn es mir mein Oberster befiehlt; sonst aber habe ich kein Bedürfnis dazu und suche sie nicht, weil mich auch die größte Arbeit im Umgang mit Gott nicht stören kann.

Da ich wohl weiß, daß ich in allen Dingen Gott lieben muß, mich auch bestrebe, diese Pflicht soviel wie möglich zu erfüllen, so brauche ich keinen geistlichen Führer... Ich kenne meine Gebrechen wohl, verwundere mich aber nicht darüber, sondern bekenne sie vor Gott, ohne mich gegen ihn zu verteidigen und meine Fehler entschuldigen zu wollen, und dann kehre ich wieder in Frieden zu meiner gewöhnlichen Übung der Liebe und Anbetung zurück." (Zitiert nach Gerhard Tersteegen, Leben heiliger Seelen, Seite 129–130).

Eine schöne Anweisung zum geistlichen Leben; für Geschäftsreisende, für Menschen, die in der Küche arbeiten, und für Schuster unmittelbar einsichtig, in die Situation vieler anderer Berufe ohne große Schwierigkeiten übertragbar. Freilich, wer es in der Praxis versucht, wird bald dahinterkommen, daß dies schöne und so einfache Konzept nach einem gesammelten und eingekehrten Lebensstil verlangt. Es geht nur dann auf diesem Weg voran, wenn ich mich dem, was ich gerade tue, ganz hingebe. Wer immer zwei Dinge zugleich tut, wird mit den Anweisungen des Bruder Lorenz ebensowenig zurechtkommen, wie derjenige, der bei allem, was er tut, dem gegenwärtigen Augenblick weit voraus ist und im Geiste schon – meistens von Zukunftsangst geplagt und getrieben – die nächsten Aufgaben ordnet und plant. Aber gerade hier ist der Kampf um die Heiligung des Alltags zu kämpfen. Die Not der Säkularität und der praktischen Gottlosigkeit moderner Arbeitsprozesse liegt ja nicht darin, daß es an frommen Formeln fehlte, die wir auf unser Arbeiten legen könnten. Es fehlt auch kaum an guten Sinngebungen für unsere Arbeit. Was fehlt, ist die innere Sammlung, in der sich alle Kräfte in einem einzigen Akt gleichzeitig der zu meisternden Aufgabe sowie Gott, zu dessen Ehre ich arbeite, zuwenden. In solcher Sammlung eint sich das Auseinanderstrebende, wird Arbeit wie Gebet und Gebet wie Arbeit. Die Liebe zu Gott ist es, die Arbeit und Gebet zusammenkommen läßt. Das ist die Botschaft, die uns Bruder Lorenz hinterlassen hat.

Was Bruder Lorenz gemeint hat, läßt sich in eine einzige Anweisung zusammenfassen, deren Formulierung wir aus östlicher Tradition, wie sie beispielsweise im Zen-Buddhismus vorliegt, übernehmen. Sie lautet: Tu, was du tust. Das heißt: Wenn du gehst, dann geh; wenn du ißt, dann iß; wenn du kochst, dann koche; wenn du fährst, dann fahre. So wird dein Tun der Sache

107

gerecht und zugleich dem Willen Gottes gerecht, und dein Herz wird auch bei anstrengender und unruhiger Arbeit im Frieden bleiben.

Was wir vom russischen Pilger und von Bruder Lorenz berichtet haben, kann kein Ersatz für persönliche Wegweisung sein. Es ist auch durchaus nicht jeder zu einer konsequenten Einübung in das Herzensgebet berufen. Ein Impuls, der in eine solche Richtung weist, ist auch nicht zu jeder Zeit möglich. Er hat seinen bestimmten Kairos, an dem wir nicht vorübergehen können. Dazu kommt die Tatsache, daß besondere Wege auch ihre besonderen Gefährdungen haben. Wir sprachen schon von den Gefahren, denen der Autodidakt ausgesetzt ist (Seite 9 ff.). Beim Herzensgebet etwa sind sehr bedenkliche Fehlentwicklungen möglich, wenn jemand ohne Anleitung und Kontrolle zu üben versucht. Die Konzentration auf die Herzgegend kann üble Folgen haben bis hin zu Herzschmerzen, Verkrampfungen und Rhythmusstörungen. Bei der oben erwähnten aufmerksamen Zuwendung zur Atmung werden die meisten Menschen absichtsloses Gewahrsein mit Kontrolle und Wertung verwechseln. Das aber kann zu bösen Schäden führen und ist jedenfalls das Gegenteil von dem, was eigentlich gemeint ist.

Hinter solch eigenmächtigem Üben mit all seinen schädlichen Folgen für Seele und Leib steht oft ein fataler religiöser Ehrgeiz. Der Leistungswille und die Abhängigkeit anerkennenden Zuspruchs von erbrachter Leistung in unserem gesellschaftlichen Leben verführt uns dazu, mit der so erworbenen Haltung auch an das geistliche Leben heranzugehen. „Hast du was, so bist du was" – so lautet die gesellschaftliche Maxime. Im geistlichen Leben wird gerade diese Maxime auf den Kopf gestellt! Die Freude im geistlichen Leben liegt ja nicht darin, daß ich eine besonders hohe Stufe erreicht habe, sondern darin, daß ich da bin, wo ich gerade jetzt sein soll. Begnügen wir uns also lieber mit uns unmittelbar zugänglichen Vorformen, als daß wir uns in das fragwürdige Abenteuer geistlicher Eigenmächtigkeit stürzen. Das „fremde Feuer", das Gott gar nicht gewollt hat, hat schon manchem das Leben gekostet (3. Mose 10,1–2).

Sprechen wir noch kurz von den eben erwähnten Vorformen. Sie bestehen schlichtweg darin, daß wir es uns zur Gewohnheit machen, das, was wir gerade tun, mit einer kurzen inneren

Sammlung, mit einer Gebärde der Ehrfurcht und der Freude, zu beginnen. Schon durch eine so einfache Übung kann unser Alltag sehr reich werden. Auf diese Weise bekommt das oft entleerte Tischgebet seinen eigentlichen Sinn zurück, gewinnen menschliche Beziehungen an Tiefe, wird unsere Arbeit zu etwas, das uns nicht von Gott trennt, sondern mit Gott verbindet. Vor allem das Stichwort Ehrfurcht ist in diesem Zusammenhang wichtig. Säkularität des Alltags bedeutet eben auch bodenlose Oberflächlichkeit, lieblose Pfuscherei, gesetzliche Selbstquälerei und andere Scheußlichkeiten, die uns den Alltag zur Hölle machen. Wenn Gott wirklich in unserem Alltag gegenwärtig ist, dann ist die ehrfürchtige Verneigung, das ehrfürchtige Innehalten und das ehrfürchtige Schweigen die angemessene Art, ihm zu begegnen.

So oder so mag uns dieser Abschnitt zeigen, daß wir mit unserem Gebetsleben noch lange nicht am Ziel sind. Da ist noch so viel zu entdecken. Da gibt es noch eine so wunderbare Fülle an Möglichkeiten zu Wachstum und Reifung. So möchte dieses Kapitel uns, die wir nur zu oft in fataler Selbstgenügsamkeit auf einer einmal erreichten Stufe verharren, zu neuem Aufbruch verlocken. Keine Gebetsform kann uns auf dieser Erde wirklich genügen. Brechen wir also immer wieder zu neuen Ufern auf und entdecken, was Gott noch alles für uns bereit hat.

16. Gott im Geist und in der Wahrheit anbeten

Die Samaritanerin spricht zu Jesus: „Herr, ich sehe, daß du ein Prophet bist. Unsere Väter haben auf diesem Berge angebetet, und ihr sagt, zu Jerusalem sei die Stätte, da man anbeten solle." Jesus spricht zu ihr: „Weib, glaube mir, es kommt die Zeit, daß ihr weder auf diesem Berge noch zu Jerusalem werdet den Vater anbeten. Ihr wisset nicht, was ihr anbetet; wir wissen aber, was wir anbeten; denn das Heil kommt von den Juden. Aber es kommt die Zeit und ist schon jetzt, daß die wahrhaftigen Anbeter werden den Vater anbeten im Geist und in der Wahrheit; denn der Vater will haben, die ihn so anbeten. Gott ist Geist, und die ihn anbeten, die müssen ihn im Geist und in der Wahrheit anbeten."

Johannes 4,19–24

Immer wieder sind wir in unserer Darstellung darauf gestoßen, daß alles Leben sich wachstümlich entfaltet und reift. Gebet ist Lebensäußerung, und so gilt auch vom Gebet, daß es sich wachstümlich entfalten möchte. Bewegung und Ziel dieses Prozesses werden von Jesus in dem diesem Abschnitt vorangestellten Wort ins Auge gefaßt: „Es kommt die Zeit und ist schon jetzt...". Unser Blick geht in die Zukunft, in der unser schwaches Beten sich vollenden soll und wird. Aber diese Zukunft wird von Jesus nicht in weite Ferne gerückt. Es ist keine Zukunftsschau, die die Gegenwart der Gleichgültigkeit preisgibt. Das, was kommt, ist schon jetzt wirksam und schon jetzt maßgeblich.

Das Ziel ist knapp formuliert: daß Gott im Geist und in der Wahrheit angebetet wird. Was heißt das? Eine Umschreibung, die sicher nicht alles trifft, was Jesus meint, aber wohl doch einen wesentlichen Aspekt herausgreift, könnte so lauten: Gott will, daß wir ihn in Freiheit und Aufrichtigkeit anbeten.

Den aktuellen Hintergrund dessen, was Jesus sagt, bildet der Streit zwischen orthodoxen Juden und Samaritanern um die zentrale Stätte der Anbetung. Für die samaritanische Judenschaft, von der noch heute eine einige hundert Personen starke Gruppe existiert, ist der Berg Garizim der heilige Berg. Wenn man irgendwo auf dieser Erde rechten Gottesdienst feiern kann, dann hier, denn diesen Berg hat Gott selbst zum Ort der Anbetung bestimmt. Dagegen steht die Auffassung der orthodoxen Juden, für die Jerusalem die heilige Stadt und der Berg Zion mit dem Tempel der von Gott vorgeschriebene Ort des Gottesdienstes und der Anbetung ist. Als Jesus diese Probleme im Gespräch mit der samaritanischen Frau berührt, da war der Streit zwischen Samaritanern und Juden bereits einige hundert Jahre alt. Zunehmenden Haß und wachsende Verbitterung hatte der Streit bewirkt. Keineswegs nur theologische Argumente bestimmten die Auseinandersetzung. Daß die Samaritaner einmal im Tempelbezirk Totengebeine ausgestreut hatten, zeigt, wie der Kampf ausgeartet war, bei dem es doch eigentlich um religiöse Wahrheit gehen sollte. Jesus übernimmt in dieser Auseinandersetzung nicht etwa die Rolle des Schiedsrichters. Seine durch und durch revolutionäre Betrachtungsweise läßt den ganzen Streit gegenstandslos erscheinen: „Glaube mir, es kommt die Zeit, daß ihr weder auf diesem Berge noch zu Jerusalem werdet den Vater anbeten." Weder der Garizim der Samaritaner noch das Jerusalem der Juden hat Verheißung für die Zukunft; ihrer beider Tage sind gezählt. Für Jesus ist die Frage nach dem rechten Ort der Anbetung nicht mehr geographisch zu beantworten. Der „Ort", der für Jesus entscheidend ist, ist bestimmt durch die Worte „Geist und Wahrheit". Die Frage nach dem Wo wird damit abgelöst durch die Frage nach dem Wie.

Nicht nur der Streit zwischen Juden und Samaritanern ist seit diesem Wort Jesu ein anachronistischer Streit. Jede Auseinandersetzung um heilige Stätten, religiöse Zentren und Metropolen ist von nun an überholt. Auch die Frage nach der vorgeschriebenen Zeit ist damit erledigt. Welche Rolle haben Auseinandersetzungen um den religiösen Kalender in der Religionsgeschichte gespielt! Auch in der Kirchengeschichte hat der Streit um die Datierung von Festen mitunter eine verheerende Bedeutung gehabt und sogar zu bitteren Trennungen geführt. Auch die Frage nach dem Wann ist nun zur vorläufigen Problematik geworden. Nicht anders steht es mit dem Kampf um die richtigen Formulierungen, um die Musik und um die äußere Gestalt.

Fragen der Gebetshaltung und Fragen der Methode – sie alle sind relativiert durch die Zukunft, die für Jesus maßgeblich ist: daß Gott im Geist und in der Wahrheit angebetet wird.

Es wäre ein Jammer, wenn diese für Jesus offenbar so wichtige Vision für uns eine erbaulich klingende Formel bliebe. Was meint Jesus? Wir haben die Begriffe „Geist und Wahrheit" versuchsweise mit den Worten „Freiheit und Aufrichtigkeit" umschrieben. Gott ist Geist. Dieses kleine Sätzchen schließt in sich, daß zu Gott allemal Freiheit gehört. Im Unterschied zu unserem Leib ist der Geist ja nicht an Ort und Zeit gefesselt. „Wo der Geist des Herrn ist, da ist Freiheit" so formuliert Paulus (2. Korinther 3,17). Unser Gebet soll so reifen, daß es immer mehr zu einem Akt der Freiheit wird, oder, von der negativen Seite her ausgedrückt: es soll immer mehr gereinigt werden von allen zwanghaften Zügen. Es gibt viel Gebet, hinter dem nicht ein in Liebe zu Gott übersprudelndes Herz steht, sondern ein befehlender Wille, dessen Forderungen und Drohungen sich der Beter nicht entziehen konnte. Daß die Einladung zum Gespräch mit Gott so oft in eine unerbittliche Forderung verkehrt wird, hat seine Wirkung nicht verfehlt. Man muß beten, aber dieses „Muß", dessen Rechtmäßigkeit kein frommer Mensch bestreiten wird, ist als äußeres Muß den Menschen aufgezwungen und von ihnen schließlich immer mehr verinnerlicht worden, so daß sie am Ende selbst nicht mehr spüren, daß sie hier einem fremden Zwang gehorsam geworden sind. Wieviele Übungen des Gebets und der Stille, wieviele Gottesdienstbesuche sind auf diese Weise erzwungen worden! Es ist eine elende Quälerei; alles, was nun geschieht, ist erpreßt und abgerungen. Über dem möglichen Versagen stehen die schrecklichsten Strafandrohungen. Die furchterregende Glocke, die das unwillige Kind doch noch in den Gottesdienst zwingt, ist immer schon unterwegs, gerade so, wie es in dem früher verbreiteten Gedicht erzählt wurde.

Es ist wirklich elend, wenn die schönste und menschlichste Gebärde, in der sich die Bestimmung unseres Menschseins vollendet, zur abgenötigten Zwangshaltung wird. Hat ein Mensch das Zwanghafte in seinen Frömmigkeitsübungen durchschaut, so kommt es meist zu einer Reaktion, die das genaue Gegenteil heraufführt. Nun steht alles Beten und Meditieren, jede Form und jede Regel unter dem Vorzeichen des zu überwindenden religiösen Zwanges, und so verfällt das Gebet. Gewiß, die Furcht vor der Strafe für die Unterlassung ist dem Menschen genommen, aber dafür ist nun die Furcht vor Gesetzlichkeit und Zwang eingekehrt. Sie hat den Menschen total besessen. Diese Furcht aber schafft genausowenig Leben wie der Zwang. Auch sie ist kein Weg zur Freude. Das Leben vieler Menschen ist ein scheußliches Schwanken zwischen gesetzlichem Zwang und zerstörerischer Formlosigkeit.

Es gibt nur einen Weg, der aus diesem Dilemma herausführt. Wir müssen ein neues Gespür dafür bekommen, daß das wahre, Gott wohlgefällige Gebet für den Menschen eigentlich die natürlichste Sache der Welt ist. Das Gebet gehört buchstäblich zu unserer Natur. Es ist dem Menschen so natürlich wie dem Vogel das Fliegen und dem Fisch das Wasser. Es ist unser Lebenselement. Es ist so selbstverständlich wie die Freude an Bewegung und Musik, die jedem Menschen mit seiner Geburt gegeben ist. Aber oft ist unser Beten so denaturiert, daß wir dies kaum noch nachempfinden können. Wir gleichen musikalischen Menschen, denen ein erbärmlicher Musikunterricht die Freude am musikalischen Ausdruck von Grund auf zerstört hat. Das Muß des Übens – um das wir bestimmt nicht herumkommen – hat nicht an die eigentlich vorgegebene natürliche Freude am Tönen und Spielen angeknüpft, sondern dieses diszipliniert und stranguliert. Wir mußten üben, wenn uns nicht danach zumute war, und durften nicht klimpern, wenn uns der Drang dazu überfiel. Vor allem aber durften wir nicht so spielen, wie es sich als persönlicher Wesensausdruck in uns bildete, sondern mußten uns fremden Regeln und Gesetzen unterwerfen. Was von allein kam, das zählte nicht; was aber anderen in den Sinn gekommen war, mußten wir uns gewaltsam aneignen. Die so entstandenen Fehlerlebnisse haben unser Vertrauen zu den natürlichen Voraussetzungen ruiniert. So können wir uns am Ende nicht mehr vorstellen, daß der Mensch seinem Wesen nach Gebet ist. Nicht umsonst heißt es einmal im Alten Testament: Aní tefilláh – ich bin ein Hilfeschrei (Psalm 109,4). Bis in unsere leibliche Erscheinung hinein sind wir Seufzen in der Not, Sehnsucht nach Erlösung, Verlangen nach Ewigkeit. Wir haben doch Tränen! Wir sind doch Bettler, und die in Lumpen gehüllten Gestalten am

Straßenrand mit der verlangend ausgestreckten Hand, an denen wir mitleidsvoll oder auch angewidert vorübergehen, sind Spiegelbilder dessen, was wir in Wahrheit sind. Und Lob und Dank? Wir haben gesehen, daß Lob und Dank ihren Sinn verlieren, wenn sie zur aufgezwungenen Dankespflicht pervertiert werden, anstatt Ausdruck einer einfältigen, Gott dargebrachten und vor Gott zur Schau gestellten Daseinsfreude zu sein. Und auch hier müssen wir sagen: Bis in unsere leibliche Erscheinung hinein *sind* wir Lobpreis, Tanz und Verneigung.

Mancher Leser mag sich in der geschilderten Gestalt des Menschen, dem diese Erfahrungen durch die auf ihn ausgeübten religiösen Zwänge völlig fremd geworden sind, wiedererkannt haben. Er wird sich fragen, ob dies alles für ihn nun völlig vorbei ist. Oder? Die wunderbare Möglichkeit, die hier auch dem Ältesten offensteht, ist, daß wir noch einmal ganz von vorne anfangen. Und wenn mich eine verfehlte religiöse Erziehung anscheinend um alle natürlichen Ausdrucksformen geistlichen Lebens, um alles Vertrauen zu meinen natürlichen Möglichkeiten, betrogen hat, dann bleibt doch die Verheißung Jesu, daß denen, die demütig genug sind, noch einmal den Platz des unerfahrenen Anfängers einzunehmen, die Tore zum Himmelreich weit offenstehen. Jesu Wort „Wenn ihr nicht noch einmal werdet wie die Kinder, so werdet ihr nicht in das Himmelreich kommen" (Matthäus 18,3), schließt ja die Umkehrung in sich: Wenn ihr auf die Stufe unerfahrener und hilfsbedürftiger Kinder hinabsteigt, dann steht ihr wirklich vor der offenen Paradiesespforte. Dann ist euer Lebensglück nicht mehr aufzuhalten. Nehmen wir also wieder Fühlung auf mit unserem natürlichen Verlangen nach dem Gespräch mit Gott und scheuen wir uns nicht, unseren Hunger und unseren Durst zu spüren. Dann wird auch unser Beten von allen zwanghaften Elementen frei. Es wird aus uns hervorbrechen wie die trällernden Töne eines Kindes, das in einer unmöglichen Melodie zum Ausdruck bringt, was es bewegt. Dann müssen wir beten, aber dieses Muß kommt ganz und gar von innen. Es dokumentiert sich in ihm eine Wesensnotwendigkeit, die von allem von außen aufoktroyierten Müssen himmelweit verschieden ist. Scheuen wir uns auch nicht, wenn unser Beten auf diese Weise Formen annimmt, die uns befremden, die uns vielleicht sogar lächerlich vorkommen. Die kindliche Einfalt des heiligen Franziskus mag uns ein Vorbild sein. Die Überlieferung berichtet von einem seiner Gefährten, sein Lobpreis habe darin bestanden, daß er immer nur „Uh – uh – uh" gerufen habe, und ein anderer Gefährte habe Gott dadurch gelobt, daß er auf die Berge gelaufen sei.

Daß Franziskus solche abenteuerlichen Gestalten des Gebets gelten lassen konnte, zeigt, daß er den Geist des Evangeliums Jesu von innen her verstanden hatte.

Zu der Bestimmung der Gott wohlgefälligen Art des Betens als Anbetung im Geist tritt als zweites Stichwort das Wort „Wahrheit". Wir haben es oben mit dem Wort „Aufrichtigkeit" umschrieben. Dieses Wort unserer deutschen Sprache hat einen besonderen Reiz. Nehmen wir es wörtlich, so läßt es uns zuerst an unsere leibliche Gestalt denken: aufrecht stehen, aufrecht gehen. Daß ein Lebewesen in einem langen Prozeß, der bis heute nicht abgeschlossen ist, es lernte, sich aufzurichten, ist nach heutiger naturwissenschaftlicher Einsicht der entscheidende Schritt auf dem Weg zur Menschwerdung des Menschen. Und es war wahrhaftig keine rein äußerliche Entwicklung, obwohl es einer einseitig auf das Äußere ausgerichteten Forschung manchmal so erscheint. Sinn und Bedeutung aufrechter Haltung ist vielfältig. Ein Gesichtspunkt, der in unserem Zusammenhang besonders wichtig sein dürfte, ist, daß der aufrecht stehende Mensch unverstellt und unversteckt auf sein Gegenüber zuzugehen vermag. Probieren wir es selbst aus, wie wir sind, wenn wir uns an den Boden kauern, wenn wir – versuchsweise – einmal auf allen Vieren durch den Raum trotten, und halten wir dagegen, wie wir sind, wenn wir uns aufrichten. Wir können selbst in Erfahrung bringen, was das Aufrichten bewirkt, welche Bedeutung es für jedes unserer Glieder hat, wie sich unserer Sinneswahrnehmung der Raum öffnet. Wir werden auch spüren, wie wir in der aufgerichteten Haltung ganz anders allen Gefahren preisgegeben sind. Wir sehen besser, aber wir werden auch besser gesehen. Wer sich ängstlich schützen will, der duckt sich, er geht in Deckung. Er gibt so wenig von sich preis wie nur irgend möglich.

Gott aufrichtig anbeten heißt, sich ihm ungeschützt preisgeben. Wir haben Jesu unerbittlichen Kampf gegen die Heuchelei gesehen. Wir haben als Kennzeichen der Heuchelei die zur zweiten Natur gewordene Unaufrichtigkeit herausgestellt. Seit Jesu Mahnung, im Gebet nicht so zu sein wie die Heuchler, ist christliches Beten ohne das ehrliche Ringen um Aufrichtigkeit nicht mehr denkbar.

Sollen wir nun das aufrechte Stehen als die angemessenste Gebetshaltung propagieren? Müßten wir nicht eigentlich das Knien als Gebärde der Unterwürfigkeit abschaffen? Und wie ist es mit dem demütig gesenkten Kopf? Ganz zu schweigen von der „Proskynese", in der sich ein Mensch vor Gott zu Boden wirft! (Übrigens ist dies das griechische Wort, das in unserem Johannesabschnitt für „anbeten" steht!) Wer Jesu Verlangen nach Aufrichtigkeit zur Kenntnis genommen hat, der wird auch in der Gebetshaltung um Aufrichtigkeit bemüht sein. Er wird aber auch bald gewahr werden, daß die Aufrichtigkeit nicht an das Stehen gebunden ist.

Buckeln kann der Mensch im Stehen, Sitzen und Knien. Aber auch sich aufrichten kann man im Stehen, Sitzen und Knien. Er wird ferner merken, daß die landläufige Meinung, solche Haltungsfragen gehörten zum Machbaren und seien deshalb von der erhabenen Welt geistlicher Fragen fernzuhalten, grundverkehrt ist. Nichts ist hier machbar. Gemachte Aufrichtigkeit sinkt buchstäblich in sich selbst zusammen, und zwar in kürzester Zeit. Mit Recht sagt der Prediger: „Schau, allein das hab ich gefunden: *Gott* hat den Menschen aufrichtig gemacht" (Prediger 7,29). Auch bei der Aufrichtigkeit gilt, daß sie nicht unsere Leistung ist, sondern Gottes Werk an uns. Gott aber erwartet, daß wir uns dieses Werk gefallen lassen.

Wer dies Wort recht hört, dem fällt eine Last von seinem Rücken. Der Zwang, sich zu verbergen, ist fort. Dies Wort bringt wirklich Erquickung. Weit entfernt, unser sowieso schon schweres Leben noch schwerer zu machen, erlaubt es uns, wenigstens vor Gott das zu sein, was wir vor Menschen meistens nicht sein dürfen: das, was wir sind. Im Himmel ist Freude, sooft einem Menschen dieser Stein vom Herzen fällt. An solcher Frömmigkeit hat Gott wirklich seine Freude.

Die Zeit kommt. Nicht daß wir sie heraufführen müßten. Jede Anstrengung von unserer Seite hält das Kommen der erwünschten Stunde nur auf. Es ist Gottes Stunde, und er steht dafür ein, daß sie kommt. Bei ihm liegt es auch, wann und wie diese Stunde in unserem Leben anbrechen soll. Das Gott wohlgefällige Gebet, Frömmigkeit in Freiheit und Aufrichtigkeit, ist kein Traum und kein unerfüllbares Postulat. Es ist Gottes Verheißung, die sich heute unter uns verwirklicht. Seien wir also im Blick auf unser Beten heiter und gelassen. Denn Gottes Zeit kommt, und das nicht am Sankt Nimmerleinstag, sondern jetzt.

Ausgewählte Literatur

Otto Friedrich Bollnow, Vom Geist des Übens, Herderbücherei Band 9058, Freiburg/Br.

Ernesto Cardenal, Das Buch von der Liebe, Gütersloher Taschenbücher/Siebenstern 168, 1971

Carlo Carretto, Denn du bist mein Vater, Herder Verlag, Freiburg, 1975

Charles de Foucauld, Der letzte Platz, Johannes Verlag, Einsiedeln, 1957

–, Allein Gott im Blick, Neue Stadt, 1974

Mark Gibbard, Gebet und Kontemplation. Einladung zu einer Entdeckungsreise, Vandenhoeck & Ruprecht, Göttingen, 1982

Romano Guardini, Vom Geist der Liturgie, Herder, Freiburg, 1961

–, Vorschule des Betens, Benziger Verlag, Einsiedeln, 1964

Ole Hallesby, Vom Beten, R. Brockhaus Verlag, Wuppertal, 1981

Friedrich Heiler, Das Gebet, Ernst Reinhardt, München, 1920

Emmanuel Jungclaussen (Hrsg.), Aufrichtige Erzählungen eines russischen Pilgers, Herder, Freiburg, 1974

–, Das Jesusgebet, Verlag Friedrich Pustet, Regensburg, 1976

Marcel Légaut, Summe meines Lebens, Lahn-Verlag, Limburg, 1980

Walter Nigg, Gebete der Christenheit, Siebenstern-Taschenbuch 46, 1965

Henri J. M. Nouwen, Feuer, das von innen brennt. Herder, 1981

Albert Peyriguere, Von Christus ergriffen, Raeber Verlag Luzern und Stuttgart, 1971

Max Picard, Die Welt des Schweigens, Fischerbücherei 302, Frankfurt, 1959

Antoine de Saint-Exupéry, Die Stadt in der Wüste, Ullstein Buch 408, 1976

Alla Selawry, Das immerwährende Herzensgebet, Otto Wilhelm Barth Verlag, 1970

Heinrich Spaemann, Orientierung am Kind, Patmos Verlag, Düsseldorf, 1979

Josef Sudbrack, Geistliche Führung, Herder, Freiburg, 1981

Gerhard Tersteegen, Leben heiliger Seelen, St. Johannis, Lahr-Dinglingen, 1969

Max Thurian, Aktion und Kontemplation, Gütersloher Verlagshaus G. Mohn, 1963

Paul Toaspern – Gottfried Wolff, Stille vor Gott, Evang. Verlagsanstalt, Berlin, 1977

Gottfried Voigt, Kleine Schule des Gebets, Vandenhoeck & Ruprecht, Göttingen 1975

Gottfried Wolff, Zeiten mit Gott, Calwer Verlag, Stuttgart, 1980

Reinhard Deichgräber · Gott ist genug

Liedmeditationen nach Gerhard Tersteegen. 146 Seiten, kart.
(Vandenhoeck/F. Pustet)

»R. Deichgräbers Meditationen enthalten eine Fülle wichtiger theologischer und geistlicher Einsichten. Sie sind gekennzeichnet durch Einfachheit, Klarheit und Schönheit ihrer Sprache und Gedanken. Sie verhelfen in vorbildlicher Weise zum meditierenden Umgang mit den Liedern Tersteegens. Wem die Erneuerung und Vertiefung des geistlichen Lebens am Herzen liegt, der wird immer wieder gern zu diesem Buch greifen.« *Theologische Beiträge*

Olav Hanssen / Reinhard Deichgräber · Leben heißt Sehen

Anleitung zur Meditation. 4. Auflage. 115 Seiten, kart.

»Diese Anleitung zur Meditation gilt dem Einzelnen wie der Gruppe. Sie erschließt Kraftquellen für das persönliche Leben und ermöglicht Gemeinschaft auf dem Wege der Entdeckung, wo das Heute Gottes Sinn und Ziel weist. Olav Hanssen schrieb die Anleitung zur Meditation, ihre Voraussetzungen und ihre Praxis, dazu einen Plan für Einkehrtage. Reinhard Deichgräber bietet eine hilfreiche Literaturübersicht und eine Ordnung für die Tageszeitgebete mit Lesungen.« *Die Zeichen der Zeit*

Mark Gibbard · Gebet und Kontemplation

Einladung zu einer Entdeckungsreise. Mit Geleitworten von Gerhard Ruhbach und Josef Sudbrack. Aus dem Englischen von Anna S. Feller. 160 Seiten, kart.

Dies ist ein sehr persönliches Buch, gut lesbar, lebendig geschrieben, ganz aus jahrelangen Erlebnissen und Versuchen heraus erwachsen, aus Erfahrung und Intuition. Kontemplation wird als empfangendes Wahrnehmen definiert: Wir nehmen Gott in seiner Schöpfung wahr, in der Offenbarung, in Jesus.

Es ist ein Buch, das man auch Menschen in die Hand geben kann, die nur ein distanziertes Verhältnis zum Thema haben.

Schritte zum Beten

Ein Gebetsheft. Hrsg. von einem Arbeitskreis in Verbindung mit der Arbeitsstelle für Gottesdienst und Kirchenmusik der Evangelisch-Lutherischen Landeskirche Hannovers. 2., erweiterte Auflage. 56 Seiten, kart.

»Die vielen Gebetssammlungen der letzten Jahre erweisen, daß ein großes Bedürfnis nach solchen Hilfen besteht, daß sich aber Inhalt und Stil in unserer Generation wesentlich gewandelt haben. Darum sei auf dieses Heft nachdrücklich hingewiesen. Die Gebete unterscheiden sich wesentlich von den früheren, weil sie sehr speziell die Nöte unserer Tage und fast nur in der Ichform ansprechen. Man kann sich gut denken, daß jemand mit diesen Gebeten wieder beten lernt.« *Kirchl. Amtsblatt der Ev. Kirche von Westfalen*

Vandenhoeck & Ruprecht · Göttingen und Zürich